Geräte zur Rasenpflege

1 Fächerbesen zum Aufrechen von Laub und Schnittgut
2 Rasentrimmer mit Nylonfaden
3 langstielige Kantenschere zum Schneiden von überstehendem Gras an Rasenrändern
4 Streuwagen zum Aussäen und Düngen
5 Vertikutierer
6 Halbmondkantenstecher zum Abstechen von ausgefransten Rasenrändern

Geräte zum Säen und Pflanzen

1 Kelle zum Einpflanzen und Umtopfen
2 Pflanzholz zum Ziehen von Saatrillen und Stechen von Pflanzlöchern
3 Harke zum Aufrauen und Glätten des Bodens und zum Zusammenrechen
4 Hohlpflanzer zum Einsetzen von Blumenzwiebeln
5 Handgrubber zum Jäten zwischen Zierpflanzen
6 Pflanzschnur zum Markieren von Beeten, Hecken und Saatrillen

Schneidegeräte

1 langschenklige Astschere
2 Baumsäge mit verstellbarem Sägeblatt
3 elektrische Heckenschere
4 Messer (Hippe) zum Glätten von Schnitträndern an Gehölzen
5 Hand-Heckenschere
6 zweischenklige Gartenschere

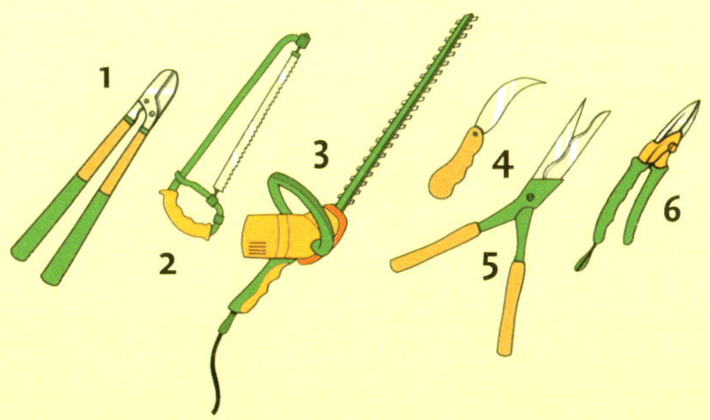

Volker Heß

Das ARD *Buffet* Gartenbuch

Ulmer

Inhaltsverzeichnis

Vorwort

Der Garten ist ein von Menschenhand geschaffenes Stück Natur, ein Ort der Entspannung und Muße, für viele aber auch eine Herausforderung.
Umfragen belegen, dass es immer mehr Menschen gibt, die ihren Garten selbst gestalten wollen, den Umgang mit Pflanzen und Materialien jedoch scheuen.
Jetzt gibt es keine Ausreden mehr, denn dieses Buch vermittelt verständlich und leicht nachvollziehbar Basiswissen.
Veranschaulicht durch detaillierte Zeichnungen erfahren Sie das Wichtigste über Anlage, Pflanzung, Schnitt, Pflege und über Methoden des Pflanzenschutzes. Die Ratschläge und Tipps in diesem Buch werden Ihnen bei der Gartenarbeit eine wertvolle Hilfe sein.
Übersichtliche Tabellen erleichtern Ihnen die Auswahl der Zier- und Obstgehölze, Rosensorten, Teichpflanzen, Balkonblumen und Kübelpflanzen.
Lassen Sie sich inspirieren von stimmungsvollen Fotos, und Sie werden feststellen, wie viel Spaß es macht, den Garten nach Ihren eigenen Vorstellungen zu gestalten.
Ich wünsche Ihnen viel Freude und Erfolg bei der Verwirklichung Ihres Gartenparadieses!

Volker Heß

Der Rasen im Garten

Die grüne Oase im Garten

Der Rasen spielt bei der Gartengestaltung eine wichtige Rolle. Die großen und kleinen Pflanzen (Bäume, Sträucher und Stauden) helfen den Garten zu gliedern. Vielgestaltig und vielfarbig fügen sie sich zu raumbildenden Kulissen zusammen. Als samtgrüner Teppich verbindet der Rasen alles miteinander und übt zugleich einen wohltuenden und beruhigenden Einfluss aus. Auf ihm spielt sich zudem der Großteil des Gartenlebens ab. Rasen ist jedoch nicht gleich Rasen, denn die Vorstellungen der Gartenbesitzer gehen hier weit auseinander und reichen vom kurz geschorenen englischen Rasen bis zum strapazierfähigen Spiel- und Sportrasen. Ehe man sich für eine Rasenart entscheidet, sollte fachmännischer Rat zu folgenden Fragen eingeholt werden: Wie wird der Rasen genutzt bzw. strapaziert? Liegt die Rasenfläche überwiegend in der Sonne oder im Schatten? Ist der Boden im Garten sandig bis trocken oder lehmig bis feucht?

Der grüne Teppich macht den Garten „wohnlich“ und betont die Wirkung der übrigen Bepflanzung.

Den Boden für die Neuanlage vorbereiten

Der Rasen bleibt jahrelang, manchmal jahrzehntelang unverändert am selben Platz, deshalb sollte der Boden sorgfältig vorbereitet werden. Er muss also so beschaffen sein, dass sich Hunderttausende von kleinen Graspflanzen wohl fühlen und unermüdlich grünen. Für den Hausrasen genügt in der Regel jede normale Erde, wie sie in den meisten Gärten vorhanden ist. Bei der Rasenneuanlage ist es wichtig, Verdichtungen im Untergrund zu beseitigen, möglicherweise auch Bauschutt zu entfernen. Bei großen Flächen empfiehlt es sich, damit eine Garten- und Landschaftsbaufirma zu beauftragen, die eine gründliche Bodenlockerung vornimmt und, wenn nötig, Mutterboden aufbringt. Der Boden sollte vor der Aussaat 15 cm tief gelockert werden, Unkräuter und Steine muss man zuvor auslesen. Wer genügend Zeit hat, wartet nach dieser ersten Bodenbearbeitung noch einen Monat ab und jätet vor der Aussaat ein zweites Mal durch.

Den Rasen einsäen

Bei einer Temperatur von +8 °C beginnen die Samen zu keimen und zu wachsen. Minusgrade schaden den jungen Graspflanzen ebenso wie anhaltende Trockenheit. Deshalb wählt man zur Aussaat die Monate, die größte Sicherheit für bestes Wachstum bieten: April sowie August/September. Am schnellsten wachsen die Gräser im September/Oktober, da die Bodenwärme, der Tau und frühherbstliche Regengüsse eine frisch eingesäte Fläche innerhalb einer Woche grün werden lassen; im Frühjahr dauert es länger. Auch im Sommer lässt sich Rasen ansäen, wenn es nicht zu heiß ist und die Gefahr besteht, dass die Graspflanzen vertrocknen. Zum Säen wartet man einen windstillen Tag ab, da bereits geringe Luftbewegungen die Saat unregelmäßig werden lassen. Je nach der gewählten Grasart schwankt die Saatgutmenge zwischen 25 bis 40 g pro Quadratmeter. Zum Ausbringen des Saatguts empfiehlt sich ein Streuwagen, den man im Fachhandel ausleihen kann. Das Saatgut wird gleichmäßig mit dem Rechen eingearbeitet. Die aufgeraute Fläche walzt man anschließend leicht ab oder tritt sie mit Brettern an. Abschließend wird die Saatfläche vorsichtig befeuchtet, Erde und Samenkörner dürfen nicht abgeschwemmt werden. Am besten wirkt natürlich ein leichter Regen. Da Gräser Lichtkeimer sind, darf der Rasen nicht mit Sand, Kompost oder Ähnlichem abgedeckt werden.

Mein Tipp

Am Saatgut sollte nicht gespart werden. Einmal ausgesät, lässt sich die Qualität nicht mehr beeinflussen. Daher empfiehlt sich eine hochwertige Rasenmischung. Je belastbarer ein Rasen sein muss, umso mehr Gräser mit breiten Blattspreiten sollte er enthalten.

Den Boden mit dem Spaten auflockern. Steine und Unkraut gründlich entfernen.

Die Saatfläche sorgfältig mit dem Rechen einebnen. Erleichtert später die laufende Pflege.

Anschließend die Fläche mit Brettern festtreten. Für größere Flächen eine Walze verwenden.

Oberfläche leicht mit dem Rechen aufrauen, damit der Samen besser keimen und wurzeln kann.

Saatgut mit der Hand oder dem Streuwagen gleichmäßig auf der Fläche ausstreuen.

Samen oberflächlich einharken, mit Brettern gut andrücken und anschließend wässern.

Den Rasen bewässern

Auch für den Rasen gilt: Besser einmal gründlich wässern, als mehrmals nur wenig.

In den ersten Wochen ist der junge Rasen noch sehr empfindlich. Trocknen die obersten 5 cm aus, war die ganze Arbeit umsonst. Der Rasen braucht allerdings nicht jeden Tag Wasser, ab und an reichlich und durchdringend zu wässern, bringt wesentlich mehr. Sobald sich die Grasnarbe schließt, wird nur noch bewässert, wenn es unbedingt nötig ist (zum Beispiel bei lang anhaltender Trockenheit und Hitzeperioden). Hier empfiehlt sich der Einsatz eines Rasensprengers, der jedoch maximal zwei Stunden an einer Stelle stehen darf. Ein Wasserüberschuss würde Verschlämmung verursachen und in der Folge die Bildung von Moos und Klee begünstigen. Generell darf nicht in der Mittagshitze und bei strahlendem Sonnenschein gesprengt werden. In der Wärme verdunstet das Wasser schnell, befeuchtet nur die oberste Bodenschicht und dringt nicht mehr zu den Wurzeln vor.

Mein Tipp

Moderne Rasenmäher zerkleinern das Schnittgut so fein, dass es auf dem Rasen liegen bleiben kann und nicht entsorgt werden muss. Das funktioniert jedoch nur bis zu einer Rasenhöhe von etwa 8 cm.

Den Rasen mähen

Der Rasen soll dicht werden, daher ist der regelmäßige Schnitt bei der Rasenpflege vorrangig. Er beeinflusst die Rasenqualität mehr als alle anderen Pflegemaßnahmen. Durch häufiges Schneiden werden die Gräser zu stärkerer Bewurzelung sowie Halm- und Blattdichte gezwungen. Der erste Schnitt erfolgt, wenn das Gras etwa 5 cm lang ist. Früher wurde er mit der Sense ausgeführt, um die jungen Pflänzchen nicht auszureißen. Mit den modernen Rasenmähern lässt sich aber auch dieser „Jungfernschnitt" bedenkenlos durchführen. Die Schnitthöhe wird auf etwa 4 cm eingestellt, es kommt jetzt in erster Linie darauf an, das Wurzelwachstum anzuregen. Je schneller sich die Grasnarbe schließt, umso weniger Unkräuter können sich ansiedeln. Beim anschließenden (vorsichtigen!) Zusammenrechen des Mähguts ist darauf zu achten, dass keine Pflänzchen ausgerissen werden. Auch für den zweiten Schnitt belässt man eine Schnitthöhe von 4 cm, später sollte sie niemals niedriger als 3 bis 3,5 cm eingestellt werden. Eine zu tiefe Schnitthöhe würde, vor allem an trockenen, heißen Tagen, den Rasen schnell ausbrennen lassen. Je nach Grasart wird dann alle sieben bis zehn Tage gemäht.

Wichtig: immer frisch geschärfte Messer!

Über ebenerdig verlegte Pflastereinfassungen zwischen Rasen und Beeten kann man mit dem Rasenmäher darübermähen, ohne Randbepflanzung und Mähwerk zu beschädigen.

Verschiedene Rasenmäher

Für den ersten Schnitt eignen sich alle Rasenmäher-Typen, sie dürfen nur nicht zu schwer sein. Wichtig: Die Messer müssen frisch geschärft sein.

Für den normalen Hausgarten genügt im Prinzip oft schon der Handrasenmäher, der im Übrigen besonders sauber mäht! Vielen Gartenbesitzern macht es Spaß, sich bei der Gartenarbeit, speziell beim Rasenschnitt, etwas auszuarbeiten. Wer sich die Arbeit erleichtern will, legt sich einen mit Elektro- oder Benzinmotor angetriebenen Sichelmäher zu. Je nach Größe der Rasenfläche, nach Lust an der körperlichen Betätigung und nach dem Geldbeutel wird man sich für dieses oder jenes Gerät entscheiden. Am besten kauft man den Rasenmäher in einem Fachgeschäft mit Wartungsservice, der auch das Schleifen der Messer beinhaltet. Dieser Service sollte jedes Jahr im Winter genutzt werden. Dadurch erhöht sich die Lebensdauer des Rasenmähers, und der Rasen wird immer sauber geschnitten.

Vertikutieren hält den Rasen gesund. Es sollte in der Zeit von Mai bis September (am besten vor dem Schnitt) durchgeführt werden.

Den Rasen düngen

Durch den regelmäßigen Schnitt verliert der Rasen einen Großteil seiner Blattmasse, die er immer wieder ersetzen muss. Die ihm entzogenen Nährstoffe müssen nicht in vollem Umfang durch Düngung wieder zugeführt werden, da der Stickstoffvorrat auch dank der Tätigkeit der Bodenbakterien erneuert wird. Während der Schnittzeit erfolgt eine zwei- bis dreimalige Düngung mit 20 bis 30 g pro Quadratmeter. Rasen braucht reichlich Stickstoffverbindungen, deshalb sind Dünger mit hohem Stickstoffgehalt am günstigsten (Vorsicht bei der Dosierung, es kann schnell zu Verbrennungen kommen). Außerdem benötigt der Rasen Kali, das seine Widerstandsfähigkeit erhöht, und Phosphor für die Wurzelbildung. Bewährt haben sich Langzeitdünger, die jährlich nur ein- bis zweimal ausgebracht werden müssen. Gedüngt wird am besten an einem Tag mit trübem Wetter. Den Dünger bringt man gleichmäßig (möglichst mit dem Streuwagen) auf dem Rasen aus. Anschließend wird der Rasen reichlich bewässert.

Moos und Unkraut im Rasen beseitigen

Moos im Rasen ist die Folge einer Bodenverdichtung, von Staunässe und Nährstoffmangel, kurzum ein Zeichen von mangelnder Pflege. Auch an schattigen Stellen im Garten (zum Beispiel unter Bäumen) breitet sich häufig Moos aus. Will man eine Vermoosung des Rasens verhindern oder bereits bestehende Moosflächen beseitigen, muss für eine gute

Durchlüftung des Bodens gesorgt werden. Hier erzielt man mit Vertikutieren die nachhaltigste Wirkung. Der beste Termin für diese Pflegemaßnahme ist der Spätsommer und Frühherbst. Moos und Kleinunkräuter werden dabei unmittelbar am Boden entfernt und Rasenfilz aus vertrockneten Halmen und Wurzeln aufgelockert. Die verdichtete Bodenschicht wird aufgerissen, und die Wurzeln erhalten wieder Luft. Anschließend kann man scharfen Sand auf die befallenen Stellen oder auf die ganze Fläche streuen. Danach wird mit einem Kombinationsdünger (mit Eisen-II-Sulfat) gedüngt. Wenn man Unkraut im Rasen manuell entfernt, ist darauf zu achten, es mit der ganzen Wurzel herauszuziehen. Im Fachhandel gibt es dafür spezielle Unkrautstecher.

Rasenkrankheiten bekämpfen

Auch der Rasen bleibt von Krankheiten nicht verschont. So genannte „Hexenringe" sind kreisförmig wachsende Pilzansammlungen, die einen Stoff ausscheiden, der den Rasen absterben lässt. Vorbeugend wirkt hier regelmäßiges, ausgeglichenes Düngen und Durchlüften. Wachsen die Pilze dennoch, werden die Hexenringe (und etwa 1 m darüber hinaus) mit einem entsprechenden Fungizid (Packungsanweisung beachten!) gegossen. Bedeckt den Rasen im Winter über eine lange Zeit eine dichte Schneedecke, zeigen sich im Frühjahr oftmals gelbliche Stellen. Ursache dafür ist „Schneeschimmel", ebenfalls ein Pilz. Auch in diesem Fall sind Vertikutieren, der Einsatz spezieller Fungizide sowie Düngen die geeigneten Maßnahmen. „Rostpilze" sind an braunroten Flecken auf den Grashalmen zu erkennen. Hoch wachsender Rasen wird häufiger befallen als kurz geschnittener. Regelmäßiges Mähen beugt wirkungsvoll vor.

Hexenringe sind zwar hübsch anzuschauen, zerstören aber auf Dauer jeden Rasen.

Rasenschäden durch Tiere

Als Vertilger von Insektenlarven leistet der Maulwurf im Garten nützliche Dienste. Doch seine bodenbelüftende Tätigkeit kann im Rasen äußerst lästig werden. Da der kleine, unermüdliche Wühler unter Artenschutz steht, darf er weder mit Fallen gefangen noch durch Giftköder getötet werden. Man kann nur versuchen, ihn durch so genannte „Vergrämungsmittel" (im Fachhandel erhältlich) zu vertreiben, die man in die Maulwurfsgänge einbringt.

Da hohes Gras häufiger von Krankheiten befallen wird als kurz geschnittenes, ist regelmäßiges Mähen eine wirkungsvolle Vorbeugungsmaßnahme.

Maulwurfhügel verunstalten jeden gepflegten Rasen.

Fertigrasen ist viel schneller nutzbar als angesäter Rasen.

Fertigrasen anlegen

Alternativ zur Neuansaat einer Rasenfläche lässt sich auch (weniger arbeitsintensiv) Fertigrasen verlegen. Die entstehenden Kosten fallen natürlich deutlich höher aus. Der Vorteil eines Fertig- oder Rollrasens besteht darin, dass in kurzer Zeit und auch unter ungünstigen Temperaturbedingungen eine geschlossene Rasenfläche angelegt werden kann. Zudem lässt sie sich nach kurzer Zeit benutzen, während man bei einem eingesäten Rasen etwa sechs Wochen damit warten muss. Im normalen Hausgarten, insbesondere im Spielrasen, bilden sich auch häufig kahle Stellen, die mit Fertigrasen belegt werden können. Rollrasen ist in verschiedenen Abmessungen (Breite, Länge, Dicke) bei Garten- und Landschaftsbaufirmen, aber auch in Gartencentern erhältlich. Man kann ihn nahezu jederzeit verlegen, möglichst jedoch dann, wenn in den nächsten Tagen Regen zu erwarten ist. Das Verlegen erfolgt auf feuchtem, aber nicht nassem Grund, damit der Rasen rasch wurzelt.
Die auszulegende Fläche muss in der Dicke des Fertigrasens ausgehoben, gedüngt und ausgiebig gewässert werden. Vorbereitung der Fläche und Auflegen des Rollrasens sollten Hand in Hand gehen. Die Grassoden werden versetzt verlegt, die Zwischenräume mit sandiger Erde aufgefüllt und die Fugen vorsichtig mit einem dicken Brett festgeklopft. Auch Böschungsflächen, die bei Ansaat und feuchter Witterung schnell Erosionsschäden aufweisen, lassen sich mit Fertigrasen relativ einfach begrünen. Beim Kauf ist unbedingt darauf zu achten, dass der Fertigrasen aus Regelsaatgutmischungen dicht gewachsen und gesund, grün und frei von Dauerunkräutern ist.

Rasen oder Blumenwiese?

Durch Samenflug und aus dem Boden keimen häufig unerwartet heimische Wildpflanzen, die im Schutz der Rasengräser gut gedeihen und den Rasen durch weitere Aussamung in eine Blumenwiese verwandeln können, sofern nicht regelmäßig gemäht wird. Selbst wenn man keine Blumenwiese möchte, so sind aus biologisch-siedlungsökologischer Sicht das eine oder andere Gänseblümchen, die Kleine Braunelle, das Wiesen-Schaumkraut oder weitere Rasen-Mitbewohner „dekorative Zutaten“, die toleriert werden sollten. Wer jedoch ganz bewusst in seinem

Hausgarten eine Wildblumenwiese haben möchte, braucht viel Geduld, denn Wildblumen wachsen häufig nur auf nährstoffärmeren Böden. Die vorgesehene Fläche darf mindestens ein Jahr nicht gedüngt werden, da der Boden „abmagern" muss. Eine Blumenwiese wird im Prinzip genauso angelegt wie ein neuer Rasen. Die im Handel erhältliche Wildblumen-Mischung enthält neben langsam wachsenden und niedrig bleibenden Rasengräsern ca. 30 bis 40 verschiedene Wildblumenarten.

Damit sich bereits im Jahr der Aussaat einige Blüten in der Wiese zeigen, sind auch einjährige, wilde Ackerkräuter (zum Beispiel Klatschmohn und Kamille) enthalten. Wichtig ist, die Samen nach dem Ausbringen nicht zu tief in die Saatfläche einzuharken, da verschiedene Pflanzen aus der Mischung Lichtkeimer sind. Im Jahr der Neuanlage wird überhaupt nicht oder allenfalls im Herbst gemäht. In den darauf folgenden Jahren reicht in der Regel ein Schnitt im Sommer (Juni/Juli) aus.

Eine Blumenwiese ist kein Spielplatz und deshalb auch kein Rasenersatz.

Ziergehölze im Garten

Ziergehölze geben dem Garten Struktur

Bäume und Sträucher sind im Garten raumbildende Faktoren. Sie gliedern ihn in die verschieden genutzten Bereiche und verbinden diese wiederum miteinander. Gehölze bilden das dauerhafte Gerüst, das im Sommer von Laub und Blüten bedeckt ist und im Winter – wenn die meisten Pflanzen oberirdisch abgestorben sind – mit Zweigen und Ästen die dritte Dimension, die Höhe erschließt. Ziergehölze verdecken unschöne Mauern, weniger angenehme Nachbarschaften, und sie grenzen den Garten nach außen hin ab. Manchmal wild wuchernd, blühend und fruchtend, manchmal grün und in Form geschnitten, schaffen sie einen intimen Raum für ungestörtes Gartenleben. Durch Blattformen oder Blüten, Herbstfärbung oder Fruchtschmuck sorgen sie für einen Blickfang in ruhiger Umgebung. Ziergehölze dienen als Schattenspender, Sicht- und Windschutz und bieten nicht zuletzt Lebensraum für vielerlei Tiere im Garten. Im Hinblick auf den hohen Zierwert wird im folgenden Kapitel vorrangig auf die Pflanzung und Pflege von Ziersträuchern mit attraktivem Blüten- oder Blattschmuck eingegangen.

Formen- und Farbenvielfalt bringen Bewegung in den Garten: Japanischer Ahorn, Goldberberitze, Buchs- und Lebensbaum.

Ziergehölze auswählen und kaufen

Bei der Auswahl von Gehölzen für den Garten sollte man sich darüber informieren, welche Arten für den jeweiligen Standort und Verwendungszweck geeignet sind. Entscheidend ist es vor allem, die endgültigen Wuchshöhen und -formen zu kennen. Ist der Platz im Garten eher begrenzt, wird es umso wichtiger, die richtige Wahl zu treffen. Ob die Gehölze im Garten gedeihen, hängt auch vom Zustand beim Kauf ab. Grundsätzlich sollte man nur in renommierten Baumschulen oder gut sortierten Gartencentern kaufen. In einer Markenbaumschule kann man im Allgemeinen sicher sein, qualitativ einwandfreie, gesunde und auch sortenechte Pflanzen zu erhalten. Qualitätsware hat natürlich ihren Preis. Da Gehölze jedoch über Jahre oder Jahrzehnte das Bild eines Gartens prägen und mit zunehmendem Alter immer attraktiver werden, sollte man hier nicht sparen.

Ziergehölze werden in unterschiedlichen Wuchshöhen entweder in Containern, als Ballenware oder ballenlose Ware angeboten. Containerware wird je nach Größe in 8- bis 30-Liter-Plastiktöpfen verkauft. Bei Gehölzen mit Ballen hat sich durch wiederholtes Umsetzen ein stark durchwurzelter Erdballen gebildet, der mit einem Ballentuch umwickelt und bei größeren Pflanzen noch mit einem Drahtnetz zusammengehalten ist. Pflanzen ohne Ballen werden im Spätherbst oder Vorfrühling mit dem Pflug gerodet und völlig unverpackt („wurzelnackt“) angeboten.

In der Regel empfiehlt sich Container- oder Ballenware, da sie die höchste Anwachssicherheit bietet. Ballenlose Pflanzen sind zwar deutlich günstiger, haben allerdings ein wesentlich höheres Anwachsrisiko. Sie werden vor allem bei größeren Anpflanzungen, zum Beispiel Hecken, eingesetzt. Vor dem Kauf sollte man sich auch unbedingt mit den Begriffen bzw. Angaben auf den Pflanzetiketten vertraut machen oder sie sich vom Fachpersonal vor Ort erläutern lassen.

Kann nach dem Kauf nicht sofort gepflanzt werden, stellt man die Gehölze aufrecht hin, wässert sie regelmäßig und bedeckt Ballen oder Wurzeln mit humusreicher Erde.

So versorgt, können die Pflanzen bis zu einem Monat stehen bleiben.

Das Fliederhochstämmchen bietet im Blumenbeet einen hübschen Blickfang.

Blütezeit der schönsten Ziergehölze

deutscher Name	botanischer Name	Farbe	Blüte	Fruchtschmuck
Winter-Schneeball	*Viburnum farreri*	rosa	Januar bis April	Dezember
Winterheide	*Erica carnea*	rot, weiß	Januar bis April	Dezember
Winter-Jasmin	*Jasminum nudiflorum*	gelb	Januar bis April	--
Hasel	*Coryllus avellana*	gelb, rot	Januar bis März	September
Zaubernuss	*Hamamelis mollis*	gelb, rot	Januar bis April	--
Scheinhasel	*Corylopsis pauciflora*	gelb	März/April	--
Seidelbast	*Daphne mezereum*	violett	März/April	Oktober/ November
Kornelkirsche	*Cornus mas*	gelb	März/April	August/ September
Stern-Magnolie	*Magnolia stellata*	weiß	März/April	--
Spitz-Ahorn	*Acer platanoides*	gelb	März/April	--
Blut-Pflaume	*Prunus cerasifera* 'Nigra'	rein weiß	März/April	ab August
Zierquitten	*Chaenomeles*	rot	März/April	Juli/August
Kupfer-Felsenbirne	*Amelanchier lamarckii*	weiß	März/April	August/ September
Forsythie	*Forsythia x intermedia*	gelb	März/April	--
Tulpen-Magnolie	*Magnolia x soulangiana*	weiß, rot	März/April	--
Schlehe	*Prunus spinosa*	weiß	März/April	September/ Oktober
Mahonie	*Mahonia aquifolium*	gelb	März/April	Oktober/ November
Zwerg-Mandel	*Prunus tenella*	rosarot	April/Mai	--
Spierstrauch	*Spiraea arguta*	weiß	März bis Mai	--
Schneeball	*Viburnum*	weiß	März bis Mai	Oktober/ November
Berberitzen	*Berberis*	gelb	März bis Mai	Oktober/ November
Rhododendron	*Rhododendron*	weiß, hellrosa, rot, violett	April/Mai	--
Ginster	*Cytisus*	gelb, rot	April	--
Roter Holunder	*Sambucus racemosa*	hellgelb	April/Mai	Juli bis September

deutscher Name	botanischer Name	Farbe	Blüte	Fruchtschmuck
Sanddorn	*Hippophae rhamnoides*	unauffällig gelbbraun	April/Mai	September bis Oktober
Deutzien	*Deutzia*	weiß, rosa	Mai	--
Federbusch-Strauch	*Fothergilla major*	cremeweiß	Mai	--
Strauch-Pfingstrose	*Paeonia suffruticosa*	weiß, rot	Mai	--
Fingerstrauch	*Potentilla fruticosa*	gelb, weiß	Mai bis September	--
Tatarischer Hartriegel	*Cornus alba*	gelblich weiß	Mai/Juni	August bis Oktober
Ranunkelstrauch	*Kerria japonica*	gelb	Mai	--
Goldregen	*Laburnum*	gelb	Mai	Oktober/ November
Zier-Apfel	*Malus floribunda*	weiß, rot	Mai	Oktober/ November
Feuerdorn	*Pyracantha coccinea*	weiß	Mai	Oktober/ November
Eberesche, Vogelbeere	*Sorbus aucuparia*	weiß	Mai	Oktober/ November
Weißdorn	*Crataegus*	weiß	Mai/Juni	--
Skimmie	*Skimmia japonica*	gelblich	Mai	Oktober bis Dezember
Schmalblättrige Ölweide	*Elaeagnus angustifolia*	gelb	Mai/Juni	ab Juli
Perückenstrauch	*Cotinus coggygria*	weißlich, unscheinbar	Mai bis Juli	--
Kolkwitzie	*Kolwitzia amabilis*	rosa	Mai/Juni	--
Kartoffel-Rose	*Rosa rugosa*	tief- bis purpurrosa	Mai bis August	Oktober bis Dezember
Flieder	*Syringa vulgaris*	weiß, lila, rosa, rot	Mai/Juni	--
Weigelien	*Weigela*	rot	Mai/Juni	--
Gewöhnlicher Pfeifenstrauch	*Philadelphus coronarius*	weiß	Mai/Juni	--
Schwarzer Holunder	*Sambucus nigra*	cremeweiß	Mai/Juni	August bis November
Blasenstrauch	*Colutea arborescens*	gelb	Juni bis August	Juli/August
Sommerflieder	*Buddleja davidii*	blauviolett	Juli bis September	--

Mein Tipp

Eine gewisse Gewähr dafür, dass gekaufte Gehölze auch gesund sind, bieten Markenetiketten vom Bund deutscher Baumschulen (BdB), die nur gesunde und geprüfte Pflanzen tragen dürfen. Die beste Garantie ist die richtige Beratung durch geschultes Fachpersonal.

Blütenfülle und Farbenpracht rund ums Jahr

Die Japanischen Zierkirschen zählen mit ihrer Blütenfülle zu den beliebtesten Ziergehölzen im Garten.

Gartenbesitzer haben häufig den Wunsch, eine Gehölzpflanzung zusammenzustellen, die das ganze Jahr hindurch blüht und für Farbe im Garten sorgt. Das scheint vermessen, doch lässt sich aus den in der Tabelle (Seiten 24/25) aufgeführten Gehölzen durchaus eine Strauchgemeinschaft bilden, die sich ab dem zeitigen Frühjahr abwechselnd mit Blüten schmückt und durch ihre zum Teil schönen Fruchtstände leuchtende Farben bis weit in den Winter hinein trägt. Darüber hinaus bieten die Beeren den Vögeln willkommene Nahrung. Als Solitäre sorgen Gehölze für Blickfänge im Garten und kommen inmitten einer größeren Rasenfläche, vor Hecken, im Eingangsbereich, am Fuß einer Treppe, am Gartenteich oder an der Terrasse am besten zur Geltung. Der kleine Gartensitzplatz erhält durch einen blühenden Busch Geborgenheit. Gehölze, die sehr früh oder sehr spät blühen oder wunderschön duften, sollte man nah ans Haus in Sichtnähe setzen, um sie – vor allem in der dunklen Jahreszeit – besser genießen zu können.

Ab September schmückt sich der Feuerdorn mit leuchtend roten oder orangefarbenen, erbsengroßen, kugeligen Apfelfrüchten.

Die Schlehe ist ein heimisches Wildgehölz, das sehr gut auch im Ziergarten Platz findet und ab Oktober schwarzblaue, kleine, kugelige Früchte trägt.

Ziergehölze pflanzen

Bei der Standortwahl für mittelgroße Bäume und Sträucher ist zu bedenken, dass diese entsprechend große Schatten werfen. Darunter lassen sich nur schattige oder halbschattige Beete anlegen.

Die günstigste Zeit zur Pflanzung von sommergrünen Laubgehölzen sind die Monate von Oktober bis April, die Zeitspanne vom Beginn des Laubfalls bis zum neuen Austrieb im Frühjahr (natürlich nicht, wenn der Boden gefroren ist). Containerpflanzen kann man das ganze Jahr über in den Boden bringen, außerdem besteht die Möglichkeit, die Pflanzen im belaubten oder sogar blühenden Zustand zu sehen und entsprechend auszuwählen. Da sich Baumschulen und Gartencenter allgemein auf eine Herbstpflanzung eingestellt haben, steht zu dieser Zeit das größte und vielfältigste Angebot an Gehölzen zur Verfügung. Der unumstrittene Vorteil der Herbstpflanzung liegt darin, dass die Pflanzen in den noch warmen Boden (bis November ist er noch warm) kommen und somit noch feine Faserwurzeln gebildet werden, die den Austrieb im Frühjahr begünstigen. Vorteil der Frühjahrspflanzung ist, dass sie sich auf einmal durchführen lässt. Denn wenn Winter und Frost sehr früh einbrechen, müssen die im Oktober begonnenen Pflanzarbeiten unterbrochen werden.

Bodenvorbereitung

Die richtige Standortwahl und die Bodenvorbereitung sind Voraussetzung für ein gutes Gedeihen der Gehölze. Bereits einige Wochen vor der Pflanzung sollte der Boden tiefgründig gelockert und mit Humus versorgt werden. Jedes Gehölz erhält eine Pflanzgrube, die etwa doppelt so groß ist wie der Durchmesser des Wurzelballens. Das erleichtert das Pflanzen, weil sich der mit Hornspänen gemischte Erdaushub einfacher wieder einfüllen lässt. Auch können die Wurzeln besser in die gelockerte Erde eindringen. Bei Gehölzen ohne Ballen müssen zu lange oder verletzte Wurzeln gekürzt werden. Da ballenlose Gehölze niemals mit trockenen Wurzeln eingeschlagen werden dürfen, sollte man sie vor dem Pflanzen eine Nacht in einen mit Wasser gefüllten Eimer stellen. Container- oder Ballenpflanzen haben intakte Wurzeln und benötigen keinen Schnitt.
Nach dem Einsetzen der Pflanze (niemals zu tief einpflanzen, Ballen- bzw. Containerhöhe = Pflanzhöhe!) wird der Aushub etappenweise eingefüllt, vorsichtig festgetreten und kräftig

Beschädigte und zu lange Wurzeln abschneiden.

Bei Hochstammformen vor der Pflanzung Stützpfahl einschlagen.

Gehölz einsetzen, Aushub einfüllen und kräftig einschlämmen.

Bis sich die Erde gesetzt hat, Stamm nur locker anbinden.

eingeschlämmt. Dazu legt man einen 5 cm hohen Gießrand im Umfang der Pflanzgrube an. Bei Gehölzen mit losen Wurzeln rüttelt man sanft nach dem Einfüllen der Erde, damit diese zwischen die Wurzeln rieselt. Da sich die Erde durch das Angießen häufig noch senkt, sollte man um die Pflanze herum (Baumscheibe) leicht anhäufeln. Gehölze mit Stamm oder großem Ballen müssen mit einem Pfahl gestützt werden. Dieser wird jedoch erst dann fest verankert, wenn sich die Erde gesetzt hat.

Ziergehölze düngen und gießen

Damit die frisch gepflanzten Gehölze gut anwachsen können, brauchen sie in den ersten Jahren noch etwas Pflege, später ist der Pflegeaufwand lediglich gering, allerdings von Art zu Art verschieden. In der Regel reichen die in der Pflanzerde enthaltenen Nährstoffe im ersten Vegetationsjahr aus. Wurde der Boden gut vorbereitet, ist bei normalen Böden die Nährstoffversorgung mit regelmäßigen Kompostgaben (auf die Baumscheibe) und mit Mulchen ausreichend garantiert, und man kann meist auf zusätzliche Nährstoffgaben verzichten. Ob später mineralische oder organische Dünger verabreicht werden, hängt auch von den Bodenverhältnissen ab. So werden zum Beispiel aus leichtem, sandigem Erdreich Nährstoffe rascher ausgespült, sodass hier öfter Düngergaben erfolgen müssen. Organische Dünger (100 g pro Quadratmeter) oder Volldünger (50 g pro Quadratmeter) fördern das Anwachsen der Gehölze auf mageren Böden und die Ausbildung von Trieb und/oder Blüte bei älteren Pflanzen. Der günstigste Zeitpunkt für Düngergaben ist (außer bei der Pflanzung) das zeitige Frühjahr, wenn die Gehölze für den neuen Austrieb Kraft brauchen. Im Herbst wird der Boden leicht und nur oberflächlich gelockert, damit die feinen Faserwurzeln nicht verletzt werden. Die Baumscheibe sollte durch vorsichtiges Jäten oder Mulchen (Rindenmulch, Kompost) frei von Unkraut gehalten werden.

Frisch gepflanzte Ziergehölze muss man im Sommer (bei anhaltender Trockenheit) öfter und durchdringend wässern. Man legt am besten einen perforierten Gartenschlauch, aus dem das Wasser langsam herausrieselt, auf die Baumscheibe. Wichtig ist, dass die Feuchtigkeit bis an die Wurzeln dringt. Ältere, gut eingewurzelte Gehölze brauchen auch in längeren Trockenperioden nur auf sehr durchlässigen Böden gelegentliche Wassergaben.

Mein Tipp

Zum Anbinden eignen sich alte Nylonstrümpfe, die man in einer Achterschleife um Gehölz und Pfahl bindet. Sie bieten festen Halt und schneiden nicht ein.

Je nach Bodenqualität und Anspruch des jeweiligen Gehölzes muss evt. noch eine Bodenverbesserung vorgenommen werden.

Ziergehölze schneiden

Der natürliche Wuchs vieler Gehölze wirkt – insbesondere wenn sie alleine in der Landschaft stehen – malerisch oder bizarr. Im Garten allerdings ist nicht zuletzt aufgrund eines begrenzten Raumes ein formgebender Schnitt entsprechend der Art, Größe und Wuchsform der Gehölze nötig. Mit Ausnahme von Formschnitt-Hecken wird jedes Gehölz naturnah erzogen. Denn der Schnitt soll die Gehölze nicht „maßregeln", sondern ihre natürliche Form fördern und sie gesund erhalten. Er ist die wichtigste Pflegemaßnahme bei Gehölzen: als Anwachshilfe beim Pflanzen, zur Erziehung schöner Kronen und Büsche, zur Formgebung von Hecken sowie zur „Sanierung" überalterter oder beschädigter Gehölze.

Der reich blühende Goldregen bevorzugt einen sonnigen Standort. Er sollte möglichst wenig geschnitten werden.

Folgende Grundregeln sind beim Schnitt zu beachten:

- Für einen sauberen Schnitt nur mit scharfen Sägen, Scheren und Messern arbeiten; große Wunden besser vermeiden; glatte Wunden heilen schneller.
- Große Seitenäste in Etappen absägen, damit sie nicht ausreißen.
- Äste bis zur Ansatzstelle (Astring) abschneiden.
- Abgestorbene Triebe bis ins gesunde Holz hinein abschneiden.
- Wildtriebe und Wasserschosse an der Ansatzstelle entfernen.
- Zu dicht stehendes, nach innen wachsendes Holz jährlich ausschneiden.

Der richtige Zeitpunkt

Die Grundvoraussetzung für die jeweilige Schnittmaßnahme ist der richtige Zeitpunkt. Für größere Eingriffe wird allgemein der Winter, die Zeit der Vegetations- bzw. Saftruhe empfohlen, da sonst die Wunden bluten und die Gehölze viel Saft verlieren. Kleine Korrekturen (Ausschneiden von Wassertrieben und schwachem Holz) können auch problemlos im Sommer durchgeführt werden. Neuere Forschungsergebnisse zeigen jedoch, dass während der Vegetationsperiode (ohne Frostschwächung) die Wunden wesentlich rascher heilen können. Allerdings geht beim Sommerschnitt mehr Wuchskraft verloren. Der günstigste Zeitraum für den Winterschnitt ist von Dezember bis Anfang März, wenn die strengsten Fröste vorbei sind und noch ehe der Austrieb begonnen hat. Eine Ausnahme machen alle im Frühjahr blühenden Arten, die ihre Knospen bereits im Vorjahr angelegt haben. Hier wartet man den Flor ab, um mit den Trieben nicht gleichzeitig auch die künftigen Blüten zu entfernen. Geschnitten wird nur an milden (frostfreien!) und trockenen Tagen. Bei feuchtem Wetter besteht die Gefahr einer Pilzinfektion.

Der Pflanz- und Erziehungsschnitt

Beim Pflanzschnitt unterscheidet man zwischen Gehölzen mit und ohne Ballen. Gehölze mit Erdballen, im Ballentuch oder im Container benötigen keinen speziellen Pflanzschnitt, da die Wurzeln intakt sind. Eventuell müssen dürre Triebe ausgeputzt oder Wildtriebe entfernt werden. Bei Gehölzen mit losen Wurzeln werden diese in der Regel beim Ausgraben beschädigt und können die unverminderte Triebsubstanz nicht mehr ausreichend versorgen. Es empfiehlt sich daher, die Triebe kräftig (etwa um die Hälfte) einzukürzen und beschädigte Wurzelteile nachzuschneiden. Die Pflanzen wachsen dann zügig an und treiben kräftig aus. In den ersten Jahren nach der Pflanzung ist der Erziehungsschnitt für den Aufbau der Gehölze entscheidend. Die erhaltenswerten jungen Zweige entwickeln sich zu Ästen, bleiben lebenslang an vielen Bäumen und Sträuchern und geben ihnen ihre Gestalt. Zur Erziehung von baumförmigen Gehölzen mit durchgehendem Mitteltrieb wählt man je nach gewünschter Kronen- bzw. Stammhöhe drei bis vier gleichmäßig angeordnete Seitentriebe aus und kürzt diese ein. Auch der senkrechte Mitteltrieb wird so zurückgeschnitten, dass die oberste Knospe noch deutlich über die Seitentriebe hinausragt. Konkurrenztriebe zum Mitteltrieb und zu dicht stehende Seitentriebe entfernt man.

Der Auslichtungsschnitt

Ein regelmäßiger Auslichtungsschnitt ist nötig, damit Gehölze ihre Wuchs- und/oder Blühkraft beibehalten. Werden Sträucher nicht geschnitten, wachsen sie zu undurchdringlichen Büschen zusammen, verkahlen im Inneren und vergreisen. Deshalb nimmt man alle paar Jahre einige der alten Triebe direkt am Boden weg, damit wieder Licht ins Strauchwerk dringt und neue Triebe kräftig nachwachsen können. Neben überalterten Trieben schneidet man auch die schwachen jungen Triebe, die direkt an der Basis wachsen, weg und lässt nur die kräftigen Jungtriebe stehen. Damit die Sträucher, wie zum Beispiel Berberitze, Hasel, Deutzie, Forsythie, Pfeifenstrauch, ihre Wuchsform bewahren und nicht an Schönheit verlieren, sollte das Auslichten in Etappen und nicht in einem Radikaldurchgang erfolgen. Sträucher und Halbsträucher, die im Sommer und Herbst an einjährigen Trieben blühen (wie Sommerflieder und Spierstrauch), schneidet man im Frühjahr bodennah zurück.

Überalterte Triebe sind an der dunkleren Farbe zu erkennen. Sie neigen sich meist zu Boden und verkahlen von unten her.

Bei veredelten Ziersträuchern kommt es vor, dass im Herbst die Unterlagen neu austreiben. Sie treten dann in Konkurrenz zur Edelsorte und kosten die Pflanzen während der Wachstumszeit unnötig Kraft. Wildtriebe muss man abschneiden, ehe sie allzu kräftig werden.

Der Verjüngungsschnitt

Wie der Name bereits sagt, handelt es sich hier um eine durchgreifende Schnittmaßnahme, die bei überalterten und durch Frost geschädigten Gehölzen angebracht ist. Wenn die Wuchskraft nach Jahren nachlässt, kann dadurch der Austrieb junger Triebe angeregt werden. Damit sich das Holz nach dem Auslichten selbst wieder neu aufbaut, kürzt man Äste und Zweige auf eine Länge von 30 bis 40 cm ein. Bei Sommerblühern wird dieser radikale Rückschnitt im zeitigen Frühjahr, bei Frühjahrsblühern nach dem Ende der Blüte vorgenommen. Mit dem Neuaustrieb verfährt man danach wie beim Erziehungsschnitt.

Das richtige Werkzeug

Für den Gehölzschnitt benötigt man nur einige wenige Werkzeuge und Hilfsmittel. Allerdings ist bei Auswahl und Kauf auf gute Qualität zu achten. Die wichtigsten Schneidegeräte sind: Astschere, Baumsäge und ein scharfes Messer. Die Astschere (Backen- oder Amboss-Schere) sollte ein auswechselbares Blatt haben, exakt schneiden und keine Quetschungen an den Ästen verursachen. Zum Schneiden dickerer Äste benötigt man eine Baumsäge. Ihr Blatt sollte verstellbar sein, nur dann gibt es glatte Schnittstellen. Damit raue Sägewunden oder gequetschte Scherenwunden schneller und besser heilen, schneidet man mit einem scharfen Messer nach. Zum Schleifen der Schere braucht man einen rauen, für das Messer einen feinen Schleifstein. Zur Behandlung von Wunden empfehlen sich (allerdings nur bedingt) verschiedene Produkte aus dem Fachhandel, zum Beispiel künstliche Rinde. Sie lässt sich mit einem Pinsel oder Spachtel auftragen und verschließt die Wunden luftdicht.

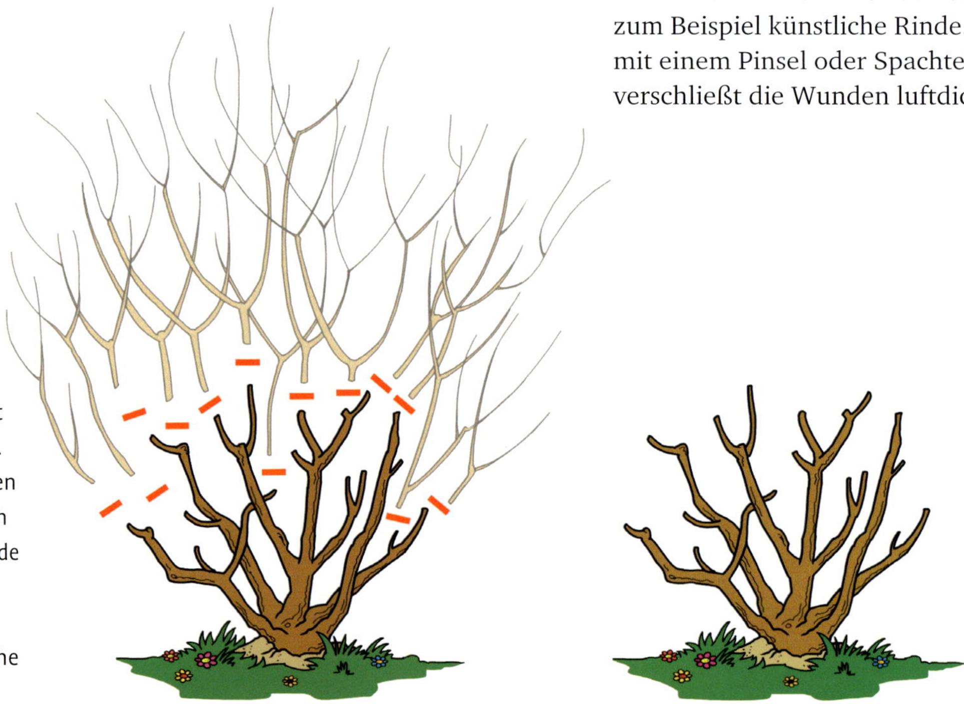

Altes Holz wird direkt an der Basis entfernt. Aus den verbleibenden Ästen entwickeln sich neue, sich verzweigende Sprosse, die mit der Zeit dem Gehölz wieder seine natürliche Wuchsform geben.

Die Zaubernuss sorgt mit ihren gelben Blüten bereits im Januar für Farbe im noch kahlen, winterlichen Garten.

Winterschutz für Ziergehölze

Die meisten der in den Baumschulen und Gartencentern angebotenen Ziergehölze sind winterhart. Das heißt jedoch nicht, dass sie alle ungünstige Witterungsbedingungen und extreme Kälte schadlos überstehen. Insbesondere junge Pflanze reagieren häufig darauf sehr empfindlich, während sie ausgewachsen wesentlich robuster sind. Um ganz sicher zu gehen, welche Pflanzen im eigenen Garten rund ums Jahr gedeihen, empfiehlt es sich, die Pflanzen in Baumschulen vor Ort zu kaufen. Denn dort weiß man genau, welche Pflanzen den Winter in der Region problemlos überstehen oder Winterschutz benötigen. Möglichen Frostschäden kann man aber bereits durch die Wahl des Standorts vorbeugen. Immergrüne Pflanzen sollten einen vor kaltem Wind und der Wintersonne geschützten Platz erhalten. Wind und Sonne begünstigen die Verdunstung, und bei gefrorenem Boden können die Pflanzen in der kalten Jahreszeit vertrocknen (so genannte „Frosttrocknis"). Man schützt deshalb vor allem Jungpflanzen an der Südseite mit einer Umhüllung aus Jute, Sackleinen oder einer Schilfmatte.

Sommerblühenden Sträuchern, die am einjährigen Holz blühen, schadet ein Zurückfrieren der oberirdischen Teile nicht. Wenn im Frühjahr das alte Holz zurückgeschnitten wird, treiben sie in der Regel wieder neu aus. Der Wurzelbereich lässt sich durch eine Laubaufschüttung schützen. Keinesfalls darf man oberirdische Pflanzenteile mit luftundurchlässigen Materialien (Plastikfolien) abdecken. Bei Sonneneinstrahlung führt dies zu einem Hitzestau und im Frühjahr zum vorzeitigen Austrieb. Dieser kann dann Spätfrösten zum Opfer fallen.

Pflanzenschutz bei Ziergehölzen

Wer eine Krankheit oder einen Schädling nicht bestimmen kann, sollte mit einer Probe des Schadbilds in die Pflanzenschutzabteilung eines Gartencenters gehen und sich dort fachmännisch beraten lassen.

Beim Pflanzenschutz haben naturgemäße Maßnahmen heute Vorrang. Dabei gilt prinzipiell der Grundsatz: Vorbeugen ist besser als heilen. Deshalb werden vorbeugende und direkte Maßnahmen kombiniert, um Pflanzen vor Schädlingsbefall und Krankheiten zu schützen. Die optimale Vorsorge besteht in der richtigen Pflanzung. Werden hier gravierende Fehler gemacht, sind die besten „Heilmittel" wirkungslos. Es ist daher sehr wichtig, bei Auswahl und Kauf der Pflanzen deren Kulturbedingungen genau zu beachten und bei der Pflanzung einzuhalten. Anderenfalls sind Krankheiten und Schädlinge vorprogrammiert. Vorsorge und regelmäßige Pflegemaßnahmen stellen den besten Pflanzenschutz dar:

- Nur Pflanzen auswählen, die zum Klima, gegebenen Standort und Boden passen.
- Artgerechte Pflege und ausgewogene Nährstoffversorgung; kräftige, gesunde Pflanzen sind widerstandsfähiger.
- Durch regelmäßige Kontrolle lassen sich Krankheiten schon im Anfangsstadium bekämpfen.

Schadursache	Schadbild	Vorbeugung	Behandlung
Wild	Rindenschäden durch Verbiss	Einzäunung, Stammmanschetten	--
Wühlmäuse	Wurzelfraß	Schutzgitter beim Pflanzen	Fallen aufstellen
Dickmaulrüssler	Fraßspuren an den Blättern, starker Wurzelfraß durch Larven	Käfer absammeln; Boden hacken, ph-Wert ausgleichen	Nematoden-Präparat gegen Larven gießen
Läuse (Blatt-, Blut-, Schild-, Sitkaläuse)	junge Blätter/Triebe rollen sich ein, verkrüppeln oder kräuseln sich	Nützlinge (Marienkäfer, Flor- und Schwebfliegen) schonen	biologische Mittel (z. B. Kaliseifen-Lösung, Brennnesselauszug) sprühen
Gallmilben	verkrüppelte Blätter, Auswüchse	--	befallene Pflanzenteile ausschneiden
Monilia	verdorrte Triebspitzen, Blätter bleiben hängen, Früchte bleiben als Fruchtmumien an den Ästen	Gehölze auslichten	befallene Pflanzenteile ausschneiden, offene Blüte 2-mal im Abstand von 3–8 Tagen spritzen
Feuerbrand	„verbrannte" Triebe im Sommer	--	von Fachleuten beurteilen lassen, ggf. Pflanzen vernichten
Nährstoffmangel	Blattverfärbungen und -verkrüppelungen, schwacher Wuchs	regelmäßige und richtige Versorgung	entsprechende Düngergabe
Chlorose	Blätter vergilben	auf pH-Wert achten	Substrat auffrischen, Spurendünger verabreichen
Frostschäden	abgestorbene Triebe nach dem Winter	Frostschutz	Gehölze zurückschneiden

- Frostschutz für empfindliche Pflanzen
- Verletzungen vermeiden, damit keine Krankheitskeime eindringen können.
- Wundpflege und -kontrolle
- Stammschutz für junge Gehölze gegen Wildverbiss
- Regelmäßige Schnittmaßnahmen
- Ausgiebiges Wässern bei anhaltender Trockenheit

Herabhängende und zusammengerollte Blätter bei Rhododendren sind ein natürlicher Verdunstungsschutz bei Wassermangel und Frost. Im Sommer umgehend kräftig gießen, im Winter nichts tun. Nach dem Frost richten sich die Blätter wieder auf und werden glatt.

Der Dickmaulrüssler, ein nachtaktiver Käfer, frisst halbrunde Kerben in die Blattränder.

Die meisten Gehölze können einen gewissen Schädlingsbefall verkraften. Oftmals verschwinden Schädlinge auch von selbst oder werden von ihren natürlichen Feinden vernichtet. Ist dies aber nicht der Fall, sollten zunächst biologische Mittel eingesetzt werden, zum Beispiel mehrmalige Spritzungen mit selbst angesetzten Pflanzenjauchen. Ziergehölze werden allerdings eher selten von Schädlingen befallen, sodass Spritzungen kaum nötig sind. Pilzkrankheiten jedoch machen vielen Gehölzen stark zu schaffen. Bei niedrigen Arten lässt sich noch mit biologischen Fungiziden eingreifen. Bei großen Gehölzen muss man häufig machtlos deren Absterben mit ansehen. Hier zeigen nur entsprechende Schnittmaßnahmen Wirkung: zur Vorbeugung der Auslichtungsschnitt, damit an den Blättern keine Pilzsporen haften bleiben, sowie der Rückschnitt erkrankter Pflanzenteile bis ins gesunde Holz, um die Regenerierung zu fördern.

Wichtig: Kranke Pflanzenteile müssen unbedingt vernichtet werden, damit die Ansteckung gesunder Pflanzen verhindert wird. (Mehltausporen zum Beispiel überwintern in der Terminalknospe, Triebspitzen abschneiden und vernichten!)

Der Obstgarten

Obstgehölze – Nutzen und Zierde in einem

Obstgehölze sorgen mit ihren zarten und duftigen Blüten, saftigen Früchten sowie vielfältigen Wuchsformen nicht nur für attraktive Blickfänge im Garten, sondern versprechen auch einen ungetrübten Genuss von aromatischem, unbehandeltem und frischem Obst aus eigener Ernte. Sie wachsen zwar in jedem Garten, Erfolg und Freude werden sich jedoch nur einstellen, wenn man die speziellen Bedürfnisse der einzelnen Arten bzw. Sorten berücksichtigt und nur solche pflanzt, die auf die jeweiligen Verhältnisse im Garten abgestimmt sind. Da es die unterschiedlichsten Wuchshöhen und -formen gibt, lassen sich Obstgehölze auch auf vielfältige Art als gärtnerisches Gestaltungselement einsetzen. Hochstämmige und breitkronige Obstbäume eignen sich als Solitärbäume im Rasen und spenden Schatten an der Terrasse oder am Sitzplatz. Busch- und Spindelbäume lassen sich zu einer Hecke aus verschiedenen Arten und Wuchsformen kombinieren und mit Wildobststräuchern ergänzen. Mit Spalierobst kann man unschöne Fassaden nützlich und zierend begrünen, die Terrasse blickdicht und luftig abgrenzen und zur „Naschecke" umgestalten.

Die reiche Blüte des kleinen Apfelbaums verspricht eine gute Ernte.

Der richtige Standort

Nicht für jede Obstart bzw. -sorte gelten die gleichen Klimabedingungen. Hier spielen nicht nur kalte oder milde Winter, sondern auch die Periode sommerlicher Temperaturen und Niederschläge eine Rolle. Man erkundigt sich am besten in einer Baumschule vor Ort, welche Obstsorte speziell am Wohnort gut gedeiht. Das Kleinklima im Garten ist ebenfalls genau zu beachten; Sonneneinstrahlung, Windverhältnisse und Niederschläge sind nicht an jedem Platz gleich. Für Obstbäume sind Ost- und Südlagen optimal. Ein Apfelbaum kann auch auf der Westseite stehen, er mag es lieber feucht und kühl. Kirschbäume bevorzugen Höhenlagen, ihr Wasserbedarf ist eher gering. Alle anderen Obstgehölze lieben einen warmen und geschützten Platz, vor allem während der Blüte, wenn Spätfröste die Ernte eines ganzen Jahres zunichte machen können. Auch die Bodenverhältnisse sollten vor dem Kauf genau abgeklärt werden. Denn nicht jeder Boden eignet sich auch für jede Obstart. Obstbäume und Beerensträucher vertragen keine schweren Böden, sondern gedeihen am besten auf tiefgründigem, humushaltigem Untergrund. Es empfiehlt sich, eine Bodenuntersuchung vom ausgewählten Standort machen zu lassen. Wie viele Obstbäume Platz haben, hängt von der Größe sowohl des Gartens als auch der Bäume ab. Generell sollten Solitärbäume so weit auseinander stehen, dass ihre Kronen im ausgewachsenen Zustand nicht ineinander wachsen, da sonst die Früchte nicht genügend Licht zum Reifen bekommen.

Wichtig: In den Nachbargarten ragende Äste können zu Streitigkeiten führen. Deshalb sollte der Grenzabstand unbedingt eingehalten werden. Die gesetzlichen Bestimmungen hierzu sind von Bundesland zu Bundesland verschieden. Am besten, man erkundigt sich bei den jeweils zuständigen Behörden vor Ort. Allgemein jedoch gilt: Der Abstand des Baums zur Grundstücksgrenze muss der Hälfte des zu erwartenden Kronendurchmessers entsprechen.

Mein Tipp

Obstgehölze sollten in einer Markenbaumschule vor Ort gekauft werden. Lieber auf eine Obstart verzichten, wenn sie sich für den eigenen Garten nicht eignet. Bewährte lokale Obstsorten sind besonders robust und dem jeweiligen Klima angepasst.

Die Quitte, als Busch oder kleiner Baum gezogen, eignet sich auch für kleine Gärten.

Obstgehölze in allen Formen und Höhen

Bei den meisten Obstarten kann man unter verschiedenen Baumformen wählen. Große Hochstämme haben nur in einer richtigen Obstwiese oder als Einzelbaum vor dem Haus ausreichend Platz.

Damit die Freude an einem Obstgehölz ungetrübt ist und lange anhält, müssen Auswahl und Kauf gut überlegt sein, zumal ein Obstbaum häufig jahrzehntelang im Garten bleibt. Baumobst wird jedoch mittlerweile in verschiedenen Formen und Größen gezogen. Und auch beim Beerenobst gibt es unterschiedliche Wuchsformen. Zur Beratung in der Baumschule oder im Gartencenter sollte man deshalb einen möglichst genauen Plan des Gartens mitbringen. Der Fachmann wird in der Regel Lokalsorten empfehlen.

- Hochstämme erreichen eine Stammhöhe von bis zu 180 cm und höher, der Kronendurchmesser liegt bei 8 bis 10 m. Sie eignen sich als Solitärbäume nur für größere Gärten. Früchte tragen sie nach 8 bis 10 Jahren.
- Halbstämme haben eine Stammhöhe von bis zu 120 cm, die Krone wird bei Apfel, Birne und Süßkirsche 8 bis 10 m breit, Pflaume und Aprikose bleiben kleiner. Früchte tragen sie nach 6 bis 8 Jahren.
- Buschbäume erreichen eine Stammhöhe von bis zu 70 cm sowie eine Krone von bis zu 5 m. Sie eignen sich für Apfel, Birne, Sauerkirsche, Aprikose und Quitte und tragen nach 4 bis 5 Jahren Früchte.
- Spindelbüsche sind mit einer Stammhöhe von 40 bis 60 cm die kleinsten frei wachsenden Obstbäume (nur Kernobst). Die Krone wird ausgewachsen nur bis zu 3 m breit. Früchte tragen sie bereits nach 2 Jahren.

Als Sträucher werden Weiße, Rote und Schwarze Johannisbeeren und Stachelbeeren gezogen. Sie benötigen viel Platz, lassen sich aber auch als Sicht- und Windschutzhecke oder zum Begrünen von Hauswänden und Pergolen pflanzen.

Erziehungsformen:
1) Hochstamm
2) Halbstamm
3) Buschbaum
4) Spindelbusch

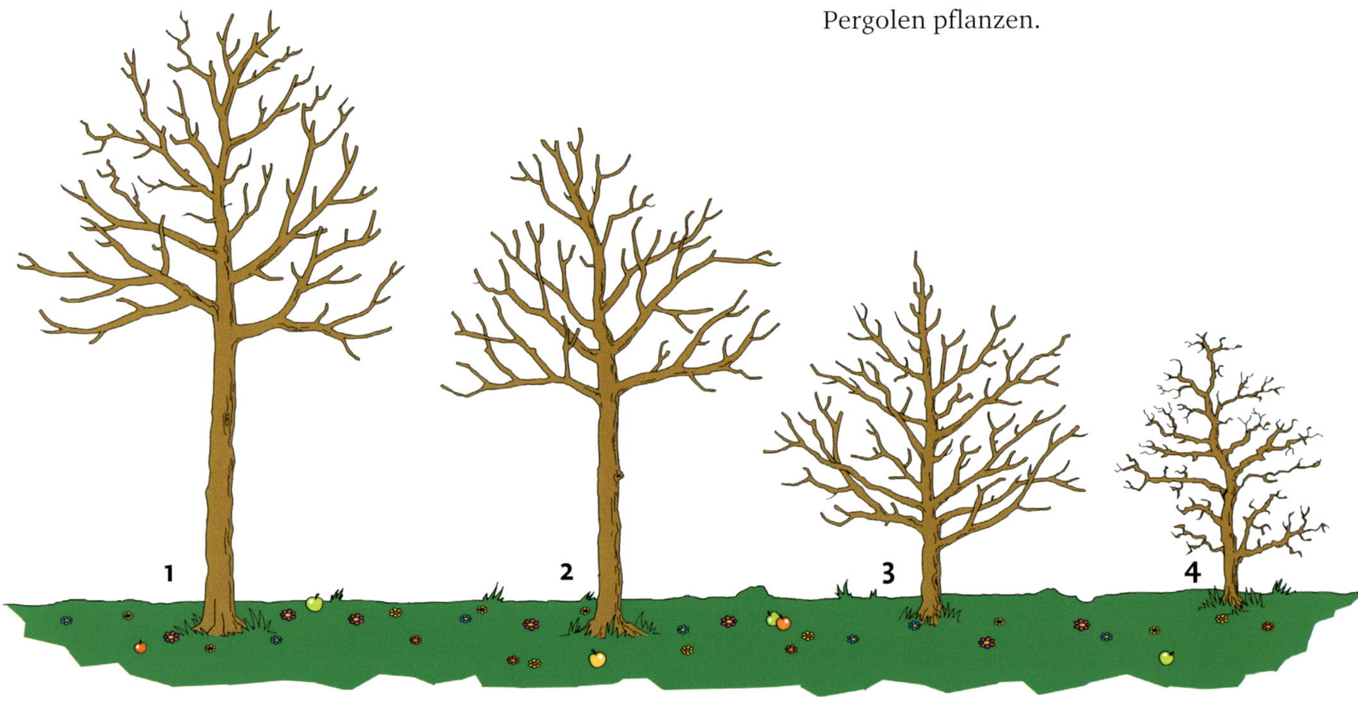

- Hochstämmchen sind von Roten und Weißen Johannisbeeren sowie von Stachelbeeren erhältlich. Sie eignen sich auch zur Wegbegrenzung oder als Blickfang im Staudenbeet.
- Halbsträucher sind Himbeeren (mit Stützgerüst) und Brombeeren (mit Rankhilfe). Beide Arten eignen sich auch gut für eine Hecke sowie zur Unterteilung einzelner Bereiche im Garten.

Ohne Befruchtung keine Ernte

Kein Obstbaum trägt Früchte ohne vorausgegangene Befruchtung. Äpfel, Birnen, Süßkirschen sowie einige Zwetschgen- und Pflaumensorten brauchen unbedingt mindestens einen zweiten, besser noch mehrere Bäume zur Befruchtung. Ehe man also einen Obstbaum kauft, sollte man sich erkundigen, ob in benachbarten Gärten bereits einige Obstbäume stehen, die diese Aufgabe erfüllen können. Anderenfalls müssen zwei oder drei Sorten von einer Obstart gekauft werden.
In jedem Fall empfiehlt sich wegen der Befruchtersorten eine Beratung durch den Fachmann in der Baumschule.
Allerdings können auch Wildapfelbäume und Zieräpfel als Befruchter für die Kultursorten dienen, wenn sie zur selben Zeit blühen und die passenden Pollen produzieren. Sauerkirschen, Quitte und Aprikosen sind selbstbefruchtbar. Ohne Bienen und andere Insekten ist keine Befruchtung möglich. Deshalb sollten bei der Schädlingsbekämpfung keinerlei Insektizide zum Einsatz kommen!

oben: Die Blüten der Obstbäume sind eine Zierde für den Garten.
unten: Reife Kirschen lassen sich nur kurze Zeit lagern.

Obstgehölze pflanzen

Bei der Pflanzung von Obstgehölzen geht man prinzipiell in der gleichen Weise vor wie beim Pflanzen von Ziergehölzen (siehe Seite 28). Gepflanzt werden kann im Herbst (September/Oktober) am Ende der Vegetationsperiode oder im Frühjahr vor Beginn der neuen Vegetationszeit (etwa Anfang März). Die Herbstpflanzung hat den Vorteil, dass die Pflanzen noch vor dem Frosteinbruch anwurzeln und dann im Frühjahr kräftig austreiben können. Die Frühjahrspflanzung empfiehlt sich nur für kälteempfindliche Arten wie Pfirsich, Aprikose und Quitte. Containerpflanzen lassen sich auch im Sommer pflanzen, dann wachsen sie gut an.

Wurzelnackte Gehölze sollten nach dem Kauf möglichst schnell in die Erde kommen, da sonst die Gefahr besteht, dass die Wurzeln vertrocknen. Am besten stellt man sie zu Hause sofort noch ein paar Stunden (oder über Nacht) in einen Eimer voll Wasser.

Die Pflanzgrube muss nicht sehr tief, jedoch sehr breit ausgehoben werden. Außer Birnen, die eine Pfahlwurzel in die Tiefe treiben, bilden alle Obstarten flache, aber lange Wurzeln dicht unter der Bodenoberfläche aus. Sie sollen sich mit ihren weichen Spitzen so weit wie möglich ausbreiten können.

Der Aushub wird mit organischem Dünger, Kompost und Rindenhumus durchmischt und

Früchte entwickeln sich beim Apfelbaum vorzugsweise an zwei- bis dreijährigen Trieben sowie am mehrjährigen Fruchtholz.

wieder in die Grube gefüllt. Obstbäume und Stachelbeeren sollten so tief in das Pflanzloch gesetzt werden, wie sie auch in der Baumschule standen; Rote und Weiße Johannisbeeren kommen etwa 5 cm, Schwarze Johannisbeeren etwa 10 cm tiefer als zuvor in den Boden. Man kann die frühere Pflanztiefe leicht an der Erdmarkierungsstelle erkennen. Jeder Obstbaum muss nach der Pflanzung an einem Holzpfahl befestigt werden. Spindelbüsche brauchen diesen Pfahl solange sie leben, da die Wurzel so klein ist, dass ein starker Wind den Baum umwerfen würde. Bei Halb- und Hochstämmen wird der Pfahl nach dem zweiten Jahr entfernt. Pflanzt man mehrere Spindelbüsche in Reihe, zum Beispiel bei einer Hecke, ist es besser, statt einzelner Pflanzgruben die ganze Reihe etwa 2 m breit auszuheben. So entsteht ein Pflanzbeet, in dem die Obstbäumchen besonders gut gedeihen.

Obstgehölze gießen

Junge Obstbäume werden im ersten Jahr nach der Pflanzung regelmäßig gegossen. Später muss man in längeren Trockenperioden nur Spalierbäume und Obstbäume auf schwachwüchsigen Unterlagen ausgiebig wässern. Dazu legt man einen Gartenschlauch im Bereich der Kronentraufe auf die Baumscheibe und lässt das Wasser etwa eine Stunde mit einem schwachen Strahl fließen.

Obstgehölze düngen

Reiche Ernte bringen nur gut gepflegte Obstgehölze. Im Hausgarten kann man es sich leisten, ausschließlich mit natürlichem Material zu düngen. Das erfordert etwas mehr Aufwand, wird aber mit gesunden und aromatischen Früchten belohnt. Für junge Obstgehölze ist der beste Zeitpunkt für die Düngung im Herbst oder im zeitigen Frühjahr. Dann kann der Dünger langsam in den Boden eindringen und von den Wurzeln aufgenommen werden. Er versorgt so die Gehölze rechtzeitig vor dem Austrieb, wofür sie am meisten Kraft brauchen. Für den Hausgarten ist Kompost der optimale Dünger. Ideal ist ein Gemisch aus Laub, Rasenschnitt, Kräutern und Küchenabfällen, die von Zeit zu Zeit umgesetzt werden und somit luftig verrotten können. Bodentierchen und Mikroorganismen zersetzen die Abfälle in lockeren, nährstoffhaltigen Humus, der sich beim Pflanzen ausgezeichnet zur Bodenverbesserung eignet.
Da im Kompost die Nährstoffe gebunden und langsam löslich sind, wirkt Kompost zugleich als Langzeitdünger. Bei Obstbäumen wird er 10 cm dick auf der Baumscheibe verteilt. Organische Mischdünger (Horn-, Blut-, Knochenmehl) oder organisch-mineralische Volldünger werden flach in die Baumscheibe eingearbeitet. Kleine Obstgehölze mit schwachem Wurzelwerk erhalten eine dreimalige Düngung: im Herbst eine Schicht reifen Kompost, mit Laub abgedeckt, im März (vor Beginn der Blüte) und im Sommer (Juni/Juli) organischen oder organisch-mineralischen Dünger.
Obstbäume, die im Rasen stehen, versorgt man mit Flüssigdünger (Dosierungsangaben auf der Packung beachten). Dazu sticht man mit der Grabgabel ringsum im Abstand von 20 cm in die Erde und bewegt den Stiel hin und her. In den entstandenen Erdspalt wird der Flüssigdünger gegeben und anschließend mit Wasser nachgegossen.

Mein Tipp

Sollen alte Obstbäume entfernt und in deren Pflanzlöcher neue Bäume gesetzt werden, empfiehlt es sich, die Obstart zu wechseln. Wo früher Kernobst stand, pflanzt man dann Steinobst und umgekehrt.

Obstgehölze schneiden

Lässt man einen Obstbaum ungehindert wachsen, bekommt er eine zu dichte Krone, in der sich nur wenige kleine Früchte entwickeln. Durch Vergreisung der Äste werden nur noch schwache Neutriebe gebildet.

Der Schnitt hängt ab von der Obstart oder -sorte und ist deshalb nicht ganz einfach. Stehen mehrere Obstbäume im Garten, empfiehlt es sich, einen Kurs über Obstbaumschnitt (zum Beispiel bei Obst- und Gartenbauvereinen) zu besuchen. Ansonsten lässt man sich von einem Fachmann in einer Baumschule vor Ort beraten. Ein richtig geschnittener Obstbaum besitzt eine lichte Krone, in der alle Früchte ausreichend Licht und Sonne bekommen. Mit den entsprechenden Schnittmaßnahmen lässt sich das Wachstum begrenzen und der Blütenansatz fördern. Zudem werden gut geschnittene Bäume nachweislich weniger von Krankheiten befallen.

Der Pflanzschnitt

Wenn er nicht bereits in der Baumschule vorgenommen wurde, kürzt man die drei Leit-äste um die Hälfte oder um zwei Drittel auf eine Höhe. Die Endknospen müssen nach außen weisen. Die Stammverlängerung (Mitteltrieb) bleibt dabei um 20 cm länger als die Leitäste.

Der Erziehungsschnitt

Er muss jedes Jahr durchgeführt werden, bis die Krone ihre endgültige Form und Größe hat. Ab dem zweiten Jahr werden Mitteltrieb und Leistastverlängerungen nochmals um ein Drittel, maximal um die Hälfte gekürzt.

Der Erhaltungsschnitt

Er dient dazu, die Entwicklung der Krone zu kontrollieren und für ausreichend Licht und Belüftung zu sorgen. Man entfernt überflüssige und dicht stehende Seitentriebe, damit sich genügend Fruchtholz bilden kann.

Der Verjüngungsschnitt

Wenn sich am alten Holz keine Fruchttriebe mehr bilden, wird stark bis ins alte Holz zurückgeschnitten. Man entfernt weit nach unten hängende äußere Triebe radikal, lichtet die Krone stark aus und baut sie mit dem Erziehungsschnitt wieder neu auf.

Obstbaumschnitt:
1) Pflanzschnitt
2) Erziehungsschnitt
3) Erhaltungsschnitt
4) Verjüngungsschnitt

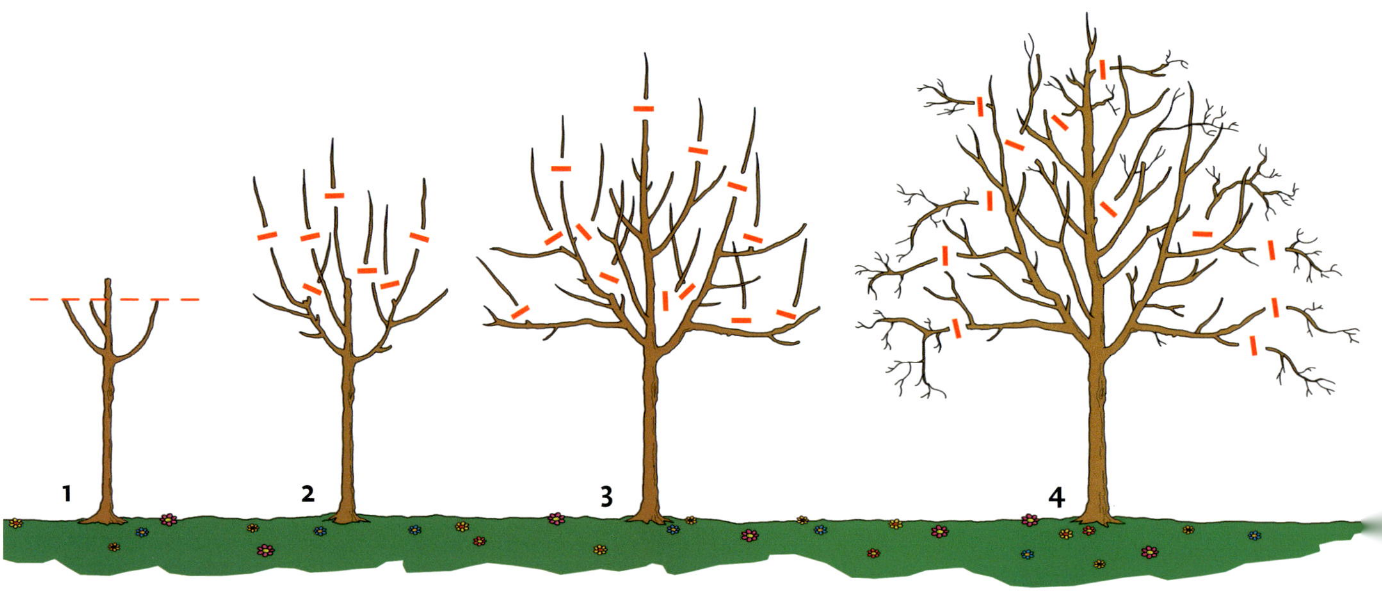

Der Obstbaumschnitt ist nicht ganz einfach. Man lässt sich hierzu am besten von einem Fachmann beraten.

Beerensträucher schneiden

Beerensträucher werden nur ausgelichtet. Sie besitzen keine Krone, aus dem Wurzelstock wachsen aufrechte, mehr oder weniger parallel stehende Triebe. Bei echten Sträuchern (Stachelbeeren, Johannisbeeren, Heidelbeeren) sind diese Triebe mehrjährig, sie verholzen mit der Zeit und können sehr alt werden. Halbsträucher (Himbeeren und Brombeeren) haben kurzlebige Triebe, bei Himbeeren sterben sie nach einem Jahr, bei Brombeeren nach wenigen Jahren ab. Bei Stachelbeeren, Johannisbeeren und Heidelbeeren muss man zunächst für kräftige Triebe und eine gute Verzweigung sorgen. Jungpflanzen werden in der Regel ohne Erdballen angeboten und müssen mindestens drei bis vier kräftige Triebe und reich verzweigte Wurzeln aufweisen. Sie brauchen erst einmal einen starken Rückschnitt, damit sie gut anwurzeln und austreiben. Beim Pflanzschnitt entfernt man die schwachen Triebe, die kräftigen bleiben stehen und werden um ein Drittel eingekürzt. Auch zu lange Wurzeln kürzt man, dürre oder kranke schneidet man aus. Im Folgejahr werden die Sträucher nur ausgelichtet, die kräftigen alten und einige starke junge Triebe bleiben stehen, schwache Triebe entfernt man. Bei Himbeeren und Brombeeren werden die Ruten beim Pflanzen auf etwa 30 cm zurückgeschnitten, damit sie kräftige Jungtriebe entwickeln. Im Herbst schneidet man die alten Triebe direkt am Boden ab, die Jungtriebe bleiben erhalten, sie fruchten im Folgejahr. Die abgeernteten Triebe werden dann ebenfalls am Boden entfernt, die jungen Jahrestriebe (pro Pflanze 8 bis 10) lässt man stehen.

Obstspaliere

Es gibt verschiedene Gründe, Obstgehölze nicht nur als Solitäre im Garten zu pflanzen. Wärme liebende Arten und Sorten reifen am Hausspalier am besten, und eine Obsthecke beansprucht weniger Platz. Birnen, Pfirsiche, Aprikosen und Sauerkirschen gedeihen besonders gut an einer warmen Hauswand, wo sie vor Regen, Luftzug und Spätfrösten einigermaßen geschützt sind. Äpfel hingegen bevorzugen einen kühleren Standort und eignen sich nicht für ein Hausspalier. Grundvoraussetzung für ein Hausspalier ist ein stabiles Gerüst, an das der Obstbaum angebunden wird. Man wählt dafür einen möglichst schwachwüchsigen Baum, da sich die Wurzeln zum Haus hin nicht weit ausbreiten können. Die Pflanzgrube wird in gleicher Weise vorbereitet wie bei einem Einzelbaum. Sie muss etwa 70 cm vom Fundament des Hauses entfernt und vollständig von Bauschutt ausgeräumt sein. Es gibt verschiedene, mehr oder weniger leicht zu ziehende Spalierformen.

Als *lockeres Spalier* lassen sich neben Äpfeln und Birnen auch Steinobst-Arten leicht aufbauen. Der lockere Wuchs benötigt allerdings eine größere Fläche, die Äste stehen etwas weiter von der Wand ab. Das *Fächerspalier* kann sehr schön um Balkone und Fenster herum gezogen werden. Hierfür eignen sich Sauerkirschen, Pfirsiche und Aprikosen. Ein *Formspalier* erfordert einen hohen Aufwand und ist vom Laien kaum aufzubauen. Hier sollte man sich Hilfe von einem auf diesem Gebiet erfahrenen Obstbau-Fachmann holen.

Birnen lassen sich besonders gut als Spalierobst ziehen.

Obsthecken

Wer wenig Platz in seinem Garten zur Verfügung hat, aber viel und verschiedenes Obst ernten will, für den empfiehlt sich die Anpflanzung einer Obsthecke. Beim Kernobst (Äpfel, Birnen, Quitten) eignen sich dafür Spindelbüsche, beim Steinobst (Sauerkirschen, Aprikosen, Pfirsiche) kleine Baumformen auf schwachwüchsigen Unterlagen. Zwetschgen, Mirabellen und Süßkirschen entwickeln für eine Hecke zu große Kronen und sind deshalb ungeeignet. Zwischen den Bäumen sollte der Pflanzabstand ca. 2 m betragen. In einer einfachen *Baumhecke* werden Spindelbüsche nebeneinander in Reihe gesetzt, jeder Busch ist an einem Pfahl befestigt und wächst als eigenständiger Baum. Diese Heckenform beansprucht viel Platz. Die *Spalierhecke* zieht man an einem frei stehenden Spalier aus Drähten, sie wird sehr dicht. Die Früchte reifen dennoch gut, da sie von zwei Seiten Licht bekommen.

Obstgehölze im Kübel

Grundsätzlich lassen sich alle Obstgehölze in Gefäßen kultivieren, in den Baumschulen geschieht dies ohnehin. Hier werden junge Sämlinge oder Veredelungen in Container gepflanzt, in denen sie bis zum Verkauf bleiben. Auf diese Weise kann man das ganze Jahr über alle Arten von Obstgehölzen kaufen und pflanzen. Häufig bleiben die Bäumchen und Sträucher einige Jahre in den Kübeln, bis sie einen Platz im Garten erhalten. Topfbäume selbst zu ziehen, ist allerdings erheblich preiswerter. Man kauft im Herbst eine einjährige Veredelung, kürzt die Wurzeln ein und pflanzt das Bäumchen in den Garten. Im Frühjahr schneidet man die Krone in die gewünschte Form und spreizt die seitlichen Triebe etwas ab. Im Laufe des Sommers werden die nach innen wachsenden Triebe entfernt. Im nächsten Frühjahr pflanzt man den kleinen Baum in einen großen Kübel. Als Substrat eignet sich Komposterde. Obstgehölze im Kübel müssen alle 2 bis 3 Jahre umgetopft werden. Wenn die Pflanze das Substrat völlig durchwurzelt hat, lassen sich die nötigen Nährstoffe kaum noch über die Gießkanne verabreichen, um sie zu speichern, ist Erde nötig. Ein gänzlich durchwurzelter Ballen braucht deshalb einen neuen, größeren Kübel mit frischem Substrat, sonst verkümmert die Obstpflanze. Die Wurzeln werden beim Umtopfen etwas eingekürzt. Selbstverständlich setzen alle Obstarten im Kübel weniger Früchte an als Freilandpflanzen. Man darf auch keine reichen Ernten erwarten, sondern kann sich über wenige, aber leckere Früchte freuen.

Brombeeren müssen während längerer Trockenperioden reichlich gegossen werden.

Kernobst

Kernobstbäume sind wohl unsere wichtigsten heimischen Fruchtgehölze. Insbesondere Äpfel und Birnen stehen rund ums Jahr zur Verfügung, entweder frisch oder in flüssiger Form bzw. eingemacht. Von den ursprünglichen Wildgehölzen wurden unzählige Sorten gezüchtet, andere haben sich von selbst gebildet. Die Quitte ist kein typisch europäisches Gewächs. Sie stammt aus Kleinasien und wurde wie zahlreiche andere Obstgehölze wahrscheinlich von den Römern angesiedelt. *Apfelbäume* müssen nicht auf der Südseite stehen; die robusten Bäume vertragen Ost-, West-, ja sogar Nordlage. Sie brauchen einen tiefgründigen, humosen, gut feuchten Boden. Schwere Lehmböden sowie leichte Sand- oder Kiesböden sind weniger geeignet und müssen entsprechend verbessert werden.

Birnbäume sind im Allgemeinen recht robust und pflegeleicht, sie benötigen einen möglichst lockeren, tiefgründigen Boden. Ideal sind sandige Humusböden in sonnigen Lagen. Birnbäume eignen sich sehr gut für Wandspaliere oder Obsthecken. Quittenbäume wachsen auf jedem tiefgründigen Gartenboden, Ton- und Lehmböden vertragen sie schlecht. Ein sonniger Standort ist günstig, geringer Nachtfrost schadet nicht.

Ein gut gepflegter Apfelbaum trägt viele saftige Früchte.

Empfehlenswerte Apfel-Sorten

Sorte	Frucht	Ernte/Haltbarkeit	Eigenschaften
'Alkmene'	klein bis mittelgroß; gelb-grün, sonnenseits rot gestreift	September bis November	Sorte für gute Lagen; guter Apfel für den Frischverzehr
'Bohnapfel'	klein bis mittelgroß; gelb-grün, sonnenseits rot gestreift; saftig, aber wenig Aroma	Oktober bis Juni	alt bekannter Lagerapfel robust auch für raue Lagen; gut zum Kochen und Saften geeignet
'Elstar'	klein bis mittelgroß; goldgelb, sonnenseits leuchtend orange; saftig und aromatisch	Oktober bis März	sehr empfehlenswerte Züchtung; bei ungünstigen Bedingungen schorfanfällig
'Gala'	klein bis mittelgroß; hellrot, wachsig; süß aromatisch	Oktober bis Dezember	gesunde Neuzüchtung, auch für den Hausgarten geeignet
'Geheimrat Oldenburg'	klein bis mittelgroß, sonnenseits rötlich gefleckt, wachsig; schwach aromatisch	September bis November	wertvolle Sorte für den Hausgarten, weil sonst kaum erhältlich; etwas krankheitsanfällig
'Gravensteiner'	groß, gerippt; gelb, sonnenseits rotbackig; saftig, gutes Aroma	ab Ende August, nur wenige Wochen	sehr guter Tafelapfel für den Frischverzehr oder für Apfelmus; alte Sorte

Empfehlenswerte Birnen-Sorten

Sorte	Frucht	Ernte/Haltbarkeit	Eigenschaften
'Williams Christ'	flaschenförmig, gerippt; grün-gelb, sonnenseits rötlich; saftig süß, sehr aromatisch	August bis Oktober	beste Sorte für den Hausgarten; sehr guter Befruchter
'Triumph von Vienne'	groß, flaschenförmig; grün-gelb, sonnenseits rötlich; saftig süß-säuerlich	September, nur wenige Wochen	bewährte Tafelbirne für den Frischverzehr
'Gellerts Butterbirne'	kurz, dick, unregelmäßig; stark berostet; saftig, sehr gutes Aroma	September bis November	gute alte Tafelbirne; wegen kräftigem Wuchs oft Stammbildner
'Köstliche aus Charneu'	lang, dickbauchig; grün-braun, sonnenseits rötlich; saftig, süß säuerlich	September bis Februar	als 'Bürgermeisterbirne' bekannte alte Sorte
'Conference'	lang, flaschenförmig; fleckig berostet; saftig, süß aromatisch	September bis April	bewährte Sorte von 1885; sehr guter Befruchter

Mein Tipp

In guten Baumschulen werden einheimische, alte Sorten auch auf schwachwüchsigen Unterlagen gezogen. Sie sind besonders robust und wenig anfällig für Krankheiten. Die Früchte haben häufig einen besonders guten Geschmack.

Steinobst

Unter Steinobst versteht man Obstarten, deren Früchte einen harten Kern (Stein) enthalten, der von saftigem Fruchtfleisch umgeben ist. Im Kerninneren befindet sich der Samen.

Kirschen und *Pflaumen* sind sehr robuste Steinobst-Arten, die in allen Lagen gedeihen, aber keine schweren Tonböden oder Staunässe vertragen. Süßkirschbäume brauchen für die Entwicklung ihrer breiten Kronen reichlich Platz, Sauerkirschbäume bleiben wesentlich niedriger und eignen sich auch für kleinere Gärten. *Pfirsichbäume* sind nicht ganz frosthart und lassen sich nur in milden Regionen kultivieren. Robuste Sorten bringen jedoch recht gute Erträge. *Aprikosenbäume* sind dagegen widerstandsfähiger und auch für weniger günstige Lagen geeignet; sie bevorzugen allerdings einen eher geschützten Standort. Für die Pflanzung von Steinobst ist die richtige Auswahl entscheidend, weil sich die Bäume durch Schnitt langfristig nicht klein halten lassen. Können sich im Garten die Kronen der Bäume nicht ungehindert ausbreiten, dann sollte man anstelle eines Kirschhoch- oder Pflaumenhalbstamms doch lieber ein Obstgehölz auf einer schwachwüchsigen Unterlage wählen.

Die Zwetschge ist robust und schmackhaft und in vielen Sorten erhältlich.

Empfehlenswerte Steinobst-Sorten

Sorte	Frucht	Reife	Eigenschaften
Süß- und Sauerkirschsorten			
'Hedelfinger'	sehr große, braunrote Knorpelkirsche	Ende Juli/ Anfang August	wertvolle, gute Befruchtersorte
'Schneiders Späte'	große, dunkelrote Knorpelkirsche	Anfang August	wertvolle, gute Befruchtersorte
'Schattenmorelle'	groß	Mitte August	sehr sauer, für Liebhaber die wertvollste Sorte
'Morellenfeuer'	groß	Anfang August	geschmacklich die beste aller Sauerkirschsorten
Pflaumen-, Zwetschgen-, Renekloden- und Mirabellensorten			
'Zimmers Frühzwetschge'	mittelgroß; dunkelblau	Anfang August	gut steinlösend; vielseitig verwertbar
'Ontario-Pflaume'	groß, kugelig; grün-gelb	Anfang August	gut zu konservieren
'Graf Althans Reneklode'	groß, kugelig; bläulich-rot	Ende August	sehr aromatisch; gut steinlösend
'Mirabelle von Nancy'	klein bis mittelgroß, rundlich; gelb	Mitte/Ende August	süß, würzig; gut zu konservieren
'Hauszwetschge'	länglich; tiefblau	ab Mitte September	für alle Zwecke geeignet; leicht steinlösend
'Große Grüne Reneklode'	mittelgroß, rund; grün-gelb	Ende August/Anfang September	saftig und aromatisch; gut steinlösend und zu konservieren
'Wangenheims Frühzwetschge'	klein, oval; rötlichblau; bereift	Mitte August/ Mitte September	sehr süß; gut als Kuchenbelag geeignet
Pfirsich- und Aprikosensorten			
'Anneliese Rudolf'	sehr groß	Mitte August	saftig, wohlschmeckend; robuste, alte Sorte
'Roter Ellerstädter'	mittelgroß	Mitte September	saftig, aromatisch; beste Einmachfrucht; krankheitsresistente Sorte
'Rekord aus Alfter'	sehr groß	Mitte August/ September	saftig, wohlschmeckend; gut steinlösend
'Aprikose von Nancy'	groß	Anfang August	sehr alte, robuste Sorte
'Wahre Große Frühaprikose'	groß	Ende Juli	sehr alte Sorte; nur für geschützte Lagen
'Ungarische Beste'	groß	Anfang August	ertragreiche alte Sorte

Mein Tipp

Wer sich in einer Baumschule einen Zwetschgenbaum so veredeln lässt, dass darauf nur frühe, mittelfrühe und späte Sorten wachsen, kann 3 Monate lang laufend kleinere Mengen ernten.

Beerensträucher

Beerensträucher (Johannisbeeren, Stachelbeeren, Himbeeren und Brombeeren) haben in jedem Hausgarten Platz. Sie brauchen einen lockeren, humosen Boden, in dem sie ihre flachen Wurzeln ausbreiten können. Auf schweren Böden wachsen ihre Triebe nur schwach und verkümmern. Sehr förderlich für Wachstum und Ertrag sind Kompostgaben bei der Pflanzung und Mulchen mit Kompost oder Rindenhumus. Rote und Weiße Johannisbeeren sowie Stachelbeeren werden vorwiegend frisch verzehrt, Schwarze Johannisbeeren eignen sich vor allem zum Entsaften. Die großen, runden, schwarzen Jostabeeren sind eine Kreuzung aus Schwarzen Johannisbeeren und Stachelbeeren. Für einen kleinen Obstgarten eignen sich Himbeeren und Brombeeren weniger, da sie zu stark wuchern. Unter alten Bäumen oder in Randstreifen können sie sich gut ausbreiten. Brombeeren lassen sich ausgezeichnet an Spalieren ziehen. Dornenlose Sorten sind leichter zu pflegen und zu ernten. Neben den klassischen Beerensträuchern werden heute zunehmend neue Züchtungen angeboten, wie zum Beispiel die Loganbeere, eine Kreuzung zwischen Himbeere und Brombeere mit besonders großen, festen Früchten.

Johannisbeeren gedeihen bevorzugt an einem sonnigen Platz und in jedem gut mit Humus versorgten Boden.

Empfehlenswertes Beerenobst

Sorte	Früchte	Reife	Eigenschaften
Rote Johannisbeeren			
'Heinemanns Rote'	klein, mittelrot	August	sehr sauer und samenreich; für Rohgenuss wenig geeignet
'Heros'	groß	Ende Juni	gutes Aroma; wertvolle ältere Sorte
'Jonkher van Teets'	sehr groß und glänzend; an langen Trauben	Ende Juni	gutes Aroma; beste Frühsorte
'Rondom'	groß	Ende Juli	schwaches Aroma; hoher Ertrag
'Red Lake'	groß; an langen Trauben	Mitte Juli	gutes Aroma; hoher Ertrag
Weiße Johannisbeeren			
'Weiße Versailler'	mittelgroß	Mitte Juli	wohlschmeckend; wertvollste Sorte; guter Ertrag
'Weiße aus Jüterbog'	mittelgroß	Ende Juni	wohlschmeckend und aromatisch; altbekannte Sorte; geringer Ertrag
Schwarze Johannisbeeren			
'Daniels September'	mittelgroß; an langen Trauben	Ende Juli	sehr aromatisch; sichere und hohe Erträge
'Rosenthals Langtraubige'	groß	Anfang Juli	sehr aromatisch
'Silvergieters Schwarze'	groß; an langen Trauben	Anfang Juli	sehr aromatisch
Himbeeren			
'Himbostar'	groß, fest	Ende Juli	sehr aromatisch
'Schönemann'	groß	Juli/August	sehr aromatisch
Brombeeren			
'Theodor Reimers'	mittelgroß	August/September	sehr aromatisch; sehr stachelig
'Black Satin'	groß	Juli bis September	sehr aromatisch; dornenlos
Stachelbeere			
'Hönings Früheste'	gelb	Mitte Juli	süß und wohlschmeckend; vorzüglich für den Frischverzehr geeignet
'Rote Triumph'	rot	Mitte/Ende Juli	angenehm süß-säuerlich; hoher Ertrag
'Invicta'	grün	Mitte/Ende Juli	angenehm süß-säuerlich
Brombeere			
'Thornfree'	mittelgroß	Ende August	feines Aroma; sehr saftreich; für Frischgenuss und Verarbeitung

Mein Tipp

In kleinen Gärten lassen sich Beerensträucher auch als Hecke oder Abtrennung zwischen Terrasse und Gartenbereich anpflanzen. Auf diese Weise hat man Obstertrag und Sichtschutz in einem.

Pflanzenschutz bei Obstgehölzen

Wer Obst im eigenen Garten anbaut, will natürlich gesunde Früchte ernten, die nicht durch Rückstände von Spritzmitteln belastet sind. Gute Pflege, sowie der Einsatz von biologischen und mechanischen Pflanzenschutzmitteln wirken vorbeugend und machen den Verzicht auf giftige Chemie möglich. Widerstandsfähige, richtig ernährte Obstgehölze werden seltener von Schädlingen und Krankheiten befallen. Wichtigste Voraussetzung sind der richtige Standort und die Wahl der passenden Sorte. Jede Obstart stellt spezielle Ansprüche an den Standort. Nur wo Klima, Lage und Bodenverhältnisse stimmen, bleibt ein Obstgehölz gesund und robust. Am falschen Platz ist es geschwächt und somit anfällig für Krankheiten und Schädlinge. Manche Sorten gedeihen noch in Lagen, in denen andere verkümmern. Auch sind bestimmte Sorten besonders anfällig für bestimmte Krankheits- oder Schaderreger. Ein Muss ist außerdem der richtige Schnitt (siehe Seiten 44/45) sowie eine ausgewogene Versorgung mit Nährstoffen. Der Schutz bzw. die Förderung von Nützlingen (Vögel, Marienkäfer, Florfliegen u. a.) ist ein sehr wirksames Mittel gegen Schädlinge. Einem Schädlingsbefall lässt sich darüber hinaus mit mechanischen Hilfsmitteln vorbeugen. Ein Kalkanstrich im Winter verhindert Frostrisse, die durch Temperaturschwankungen (ständiger Wechsel von Frost und Sonne) entstehen. In der schorfig gewordenen Rinde können sich Schädlinge einnisten. Leimringe legt man im Herbst um die Stämme. Die flugunfähigen Weibchen des Frostspanners wandern zur Eiablage in den Blüten an den Baumstämmen empor. Eine Leimbarriere ist für die Tiere unüberwindlich. Man muss unbedingt darauf achten, dass der Leimring immer fest am Stamm anliegt und keinerlei Durchschlupf bietet. Im Frühjahr wird der Leimring abgenommen und vernichtet.

oben: Stachelbeeren mit Mehltau
unten: Monilia-Fruchtfäule bei Äpfeln

Krankheiten und Schädlinge bei Obstgehölzen

Schadursache	Obstart	Schadbild	Vorbeugung/Behandlung
Schorf	Apfel/Birne	olivgrüne, braune Flecken auf Blättern und Früchten, Fruchtschale reißt auf	keine anfälligen Sorten wählen; Kronen gut auslichten; biologische Spritzmittel ab Ende April
Apfelmehltau	Apfel	weißer, mehliger Belag auf jungen Blättern und Blütenknospen	Krone licht halten; befallene Triebe abschneiden und vernichten
Obstbaumkrebs	Apfel	knollige Wucherungen an Stamm und Ästen	nasskalte Standorte und Stickstoffüberdüngung vermeiden
Apfelwickler	Apfel	krümelige Häufchen auf den Früchten, darunter Fraßgang, rötliche Raupe	Anfang Juli Wellpappgürtel anlegen, nach der Ernte abnehmen und verbrennen
Birnengitterrost	Birne	zunächst orangerote Flecken auf den Blättern, später gelbliche Schwellungen auf den Blattunterseiten	befallene Blätter entfernen
Narrentaschen-Krankheit	Zwetschge/ Pflaume	übergroße, flache Früchte mit mehligem Überzug	Krone licht halten; befallene Früchte laufend entfernen und vernichten
Pflaumensägewespe	Pflaume/ Zwetschge	Früchte fallen bald nach der Blüte ab, haben ein kleines Loch	sofort nach dem Abfallen der Blütenblätter 5 Tage lang zugelassenes Insektizid spritzen
Blüten- und Zweig-Monilia	Süß- und Sauerkirsche	Jungtriebe welken kurz nach der Blüte und sterben ab	befallene Triebe sofort bis 20 cm ins gesunde Holz abschneiden und verbrennen
Kirschfruchtfliege	Süß- und Sauerkirsche	wurmige Kirschen	frühe Sorten wählen; bei starkem Anflug mit biologischen Mitteln spritzen
Kräuselkrankheit	Pfirsich/Aprikose	blasige Blätter, die sich weißlich grün bis rot verfärben und vertrocknen	robuste Sorte wählen; befallene Blätter entfernen und vernichten
Säulenrost	Schwarze Johannisbeere	auf den Blattunterseiten rotbrauner Belag, vorzeitiger Blattfall	Sträucher nach der Ernte gut auslichten; resistent gegen Säulenrost: Sorte 'Titania'
Blattfallkrankheit	Weiße und Rote Johannisbeere	winzige, dunkle Flecken auf den Blättern, die sich zusammenrollen, vertrocknen und abfallen	Sträucher gut auslichten; vollsonniger Standort; resistente Sorten wählen
Stachelbeerblattwespe	Stachelbeere	Sträucher sind von innen her plötzlich kahl gefressen	im Mai auf Befall kontrollieren; Raupen absammeln; befallene Triebe abschneiden
Himbeerrutenkrankheit	Himbeere	an jungen Trieben violette bis graue Flecken, Rinde blättert ab	befallene Ruten nach der Ernte bodennah entfernen
Brombeerrankenkrankheit	Brombeere	auf jungen Ranken ca. 2 cm große, rötliche Flecken, Blatt- und Fruchtentwicklung gestört	junge Ranken rechtzeitig hochbinden; kranke Ruten herausschneiden

Mein Tipp

Wer nur einen Obstbaum im Garten hat, kann im Winter auf der Süd- und Ostseite je ein Brett an den Stamm stellen. Das erfüllt den gleichen Zweck wie ein Stammanstrich.

Rosen im Garten

Rosige Zeiten im Garten

Die Rose gilt als die Königin der Blumen und ist somit eine der beliebtesten Gartenpflanzen. Sie hat den Menschen seit Jahrtausenden in seinen Gärten begleitet, umgab ihn mit ihren Blüten und ihrem Duft, diente mit ihren Früchten als Nahrung und auch zur Heilung von Krankheiten sowie mit ihren stacheligen Zweigen zum Schutz vor Eindringlingen. Aus ihrer Schönheit macht die Rose keinen Hehl. Bereits gegen Ende des Frühlings präsentiert sie die ersten malerischen Blüten, läuft dann innerhalb weniger Wochen zu grandioser Höchstform auf und lässt sich in ihrer Blüte erst durch die Herbstfröste stoppen. Stets sind Züchter auf der Suche nach neuen Farbtönen und -nuancen und noch edleren Blütenformen. Das Hauptziel der Rosenzüchtung ist jedoch – neben guter Frosthärte – die Gesundheit der Pflanze. Denn der Rosenliebhaber unter den Hobbygärtnern wünscht sich vor allem reich und regelmäßig blühende Rosen, die gesund sind und gesund bleiben, aufgrund ausreichender Frosthärte den Winter unbeschadet überstehen und sich möglichst problemlos kultivieren lassen.

Die leuchtend orangefarbenen Blüten dieser Beetrose stehen im schönen Kontrast zum dunkelgrünen Laub.

Rosenvielfalt

Rosen eröffnen aufgrund ihrer Vielfalt die unterschiedlichsten Gestaltungsmöglichkeiten im Garten. Sie können einzeln (als Solitäre) oder in Rabatten stehen, eine Böschung bedecken, aber auch an einer Hauswand oder Pergola emporranken.

- *Wildrosen* haben sich in freier Natur entwickelt und sind einfach blühende Rosen mit fünf Blütenblättern. Fast alle Arten blühen nur einmal im Jahr, tragen jedoch im Herbst schöne Hagebutten. Im Garten kriechen, klettern und wachsen sie als Sträucher, lassen sich für Hecken und Zäune verwenden und begrünen und befestigen Böschungen.

- *Strauchrosen* wachsen häufig über 2 m hoch, tragen einfache oder gefüllte Blüten und sind einmal-, öfter- oder dauerblühend. Zu ihnen zählen Alte und Englische Rosen sowie moderne Sorten. Im Garten wirken sie frei stehend oder bieten als Hecke gepflanzt Sichtschutz.

- *Kletterrosen* unterscheidet man nach Wuchs und Blüte. Climber besitzen steife und aufrecht wachsende Triebe und ranken sich ohne Stütze bis zu 6 m in die Höhe. Der büschelblütige Flor erscheint je nach Sorte einmal blühend (Juni/Juli) oder mit mehrfacher Nachblüte. Rambler haben dünne, kriechende oder hängende Triebe und brauchen eine Rankhilfe, um in die Höhe zu kommen. Die kleinen Blütenbüschel erscheinen bei den meisten Sorten nur einmal im Jahr (Juni/Juli).

- *Beetrosen* sind großblumige und büschelblütige Rosen, die in der Regel vom Hauptflor im Juni bis zum ersten Frost Blüten tragen. Bei den Edelrosen sitzen auf hohen Stielen meist gefüllte Einzelblüten. Sie wirken am besten in kleinen Gruppen in klassischen Rosenbeeten. Polyantha-Rosen tragen viele einfache oder gefüllte Blüten an einem Stiel. Sie eignen sich für größere Flächen und können gut mit Stauden und Sommerblumen kombiniert werden. Floribunda-Rosen, eine Kreuzung von Polyantha-Rosen und Teehybriden, haben einfache bis gefüllte, in Büscheln wachsende Blüten in verschiedenen Größen und in einer breiten Farbpalette.

- *Bodendeckerrosen* variieren in ihrer Wuchsform von aufliegend bis kompakt über weit ausbreitend bis bogig überhängend. Ihre einfachen bis dicht gefüllten, in Büscheln stehenden Blüten erscheinen von Juni bis Oktober. Die robuste Rose überwächst Flächen zuverlässig und lässt Unkraut keine Chance.

- *Hochstammrosen* sind auf 60 bis 140 cm hohen Wildrosenstämmen veredelte groß- oder büschelblütige Sorten. Sie wirken am schönsten als Einzelpflanzen. Mit Sommerblumen, Stauden oder Bodendeckerrosen unterpflanzt bieten sie auch in kleineren Gärten einen hübschen Blickfang.

Teehybride 'Awea'

Strauchrosen mit ihren wunderschönen, duftenden Blüten eignen sich für jeden Garten und Standort. Sie können im Staudenbeet, neben anderen Sträuchern oder aber auch alleine stehen.

Die schönsten Rosen im Überblick

Strauchrosen · Kletterrosen

Sorte	Blüte	Duft	Eigenschaften
Strauchrosen			
‘Bischofsstadt Paderborn’	scharlachrot; halb gefüllt; reizvolle Staubgefäße; groß	gut bis sehr intensiv	schöne, robuste und zuverlässige Pflanze; ca. 1,5 m hoch
‘Centenaire de Lourdes’	seidiges, reines Rosa; locker gefüllt; groß	leicht bis gut	zählt zu den gesündesten Rosen; blüht reich und dauerhaft; ca. 1,8 m hoch
‘Dortmund’	erdbeerrot, weißes Auge, goldene Staubgefäße; einfach; groß	leicht	buschige, vitale Pflanze; kann auch an Kletterhilfe aufgebunden werden; 1,5 – 2 m hoch
‘Klostertaler Power’	leuchtendes Orange; gewellte Kronblätter; gut gefüllt; mittelgroß bis groß	leicht	robust und gesund; dichter, breiter Wuchs, ca. 1,5 m hoch und breit; dunkelgrünes, glänzendes Laub
‘Lichtkönigin Lucia’	leuchtend goldgelb; gefüllt; rundliche Knospe; mittelgroß	sehr angenehm	aufrecht buschig; glänzendes, dunkelgrünes Laub; blüht reich und gut nach; ca. 1,8 m hoch
‘Mozart’	rosarot, große, weiße Mitte; einfach; klein	gut	buschiger, etwas ausladender Wuchs; sehr große Blütenbüschel; gesundes Laub; ca. 1,5 m hoch
Kletterosen			
‘Alchymist’	bernsteingelb, orangebraun bis rostrosa überhaucht; dicht gefüllt; sehr groß	leicht	einmal blühender Climber; bis 4 m hoch aufschießend; stark bestachelt
‘Maigold’	intensiver Goldton; halb gefüllt; eiförmige Knospe; groß bis sehr groß	intensiv nach Tee	einmal blühender Climber; üppiger Wuchs; winterhart und robust; gesund bei freiem Stand
‘Amadeus’	tief dunkelrot; locker gefüllt; eiförmige Knospe; groß	leicht	öfter blühender Climber; gesund; gute Nachblüte; ca. 2,5 m hoch
‘Rosarium Uetersen’	tiefes, leuchtendes Rosa; dicht gefüllt; groß	gut bis würzig	öfter blühender Climber; üppiger, buschiger Wuchs; gesundes, hartes Laub; 2 – 3 m hoch
‘Chevy Chase’	rubinrot, wenig verblauend; dicht gefüllt; mittelgroß	leicht	stark wachsender Rambler; frei stehend gesund; reiche Blüte; ca. 4 m hoch
‘Goldfinch’	goldgelb, dann primelgelb bis creme; locker gefüllt; klein	leicht	kraftvoll wachsender Rambler; winterhart; bildet viele Hagebutten; je nach Standort 3 – 5 m hoch

Beetrosen · Bodendeckerrosen

Sorte	Blüte	Duft	Eigenschaften
Beetrosen			
'Aprikola'	aprikosengelb; hoch gebaut; locker gefüllt; mittelgroß	leicht	kompakte und gesunde Pflanze; dunkelgrünes Laub
'Brautzauber'	reinweiß, bei kühlem Wetter im Aufblühen zartrosa; locker gefüllt; klein	gut	buschige und gesunde Pflanze; späte, dann aber sehr reiche Blüte
'Gruß an Aachen'	zart apricot bis rosa; dicht gefüllt, zum Teil geviertelt; mittelgroß bis groß	gut und süß	wüchsige, gesunde und bewährte Beetrose; etwas sparrig; einmalig schöne Blüten
'Nina Weibull'	schönes, reines Dunkelrot; gefüllt; mittelgroß	leicht	kompakter, eher niedriger Wuchs; gesund; zuverlässig und reich blühend
'Play Rose'	leuchtendes Satinrosa; locker gefüllt; mittelgroß	leicht	sehr robust und winterhart; glänzendes, gesundes Laub; vital und reich blühend
'Friesia'	leuchtend goldgelb; locker gefüllt; mittelgroß	gut	fast schon ein Klassiker; schneller Durchtrieb; gesundes Laub; reiche Blüte
Bodendeckerrosen			
'Alcantara'	samtiges Dunkelrot; einfach; goldene Staubgefäße; klein bis mittelgroß	leicht	breit und bogig überhängend; zierliches, dunkles Laub; Blüten in großen Büscheln
'Aspirin-Rose'	weiß bis zartrosa; locker gefüllt; mittelgroß	leicht	sehr schöner, breiter Wuchs; zuverlässig und reich blühend
'Celina'	weiches Primelgelb; halb gefüllt; groß	zart und lieblich	buschiger bis weit überhängender Wuchs; reiche Blüte; sehr gesund
'Lovely Meidiland'	zartrosa; sehr dicht gefüllt; mittelgroß	leicht	üppiger, gesunder Wuchs; sehr attraktive Blüten; zuverlässig und reich blühend
'Schneeflocke'	schimmerndes Weiß	leicht	breiter, kompakter und niedriger Wuchs; äußerst reich und konstant blühend
'Souvenir de Greuville'	weiße neben lilarosa Blüten; dicht gefüllt; mittelgroß	zart	breiter Wuchs; große Blütenstände; changierende Farben erzielen besonderen Effekt

Mein Tipp

Die Duftnoten von Rosen sind sehr unterschiedlich und reichen von zitronig-fruchtig bis hin zu süßlich-orientalisch. Bei der Wahl der Rosen sollte man auch diesen Aspekt berücksichtigen.

Auswahl und Kauf

Rosen werden frisch gerodet mit nackten Wurzeln, im Container mit großem Wurzelballen oder verpackt in Pflanztüten und Pappcontainern angeboten. Über ein umfangreiches Sortiment verfügen Baumschulen und spezielle Rosenschulen. Dort erhält man auch fachmännischen Rat zu Standort, Pflanzung und Pflege. Bei Züchtern und Versandfirmen wird per Katalog oder im Internet bestellt oder direkt gekauft. Gartencenter führen in der Regel die bekanntesten Sorten. Gärtnereien bieten meist ein ausgewähltes Rosen-Sortiment an.

Der gewählte Standort im Garten bestimmt maßgeblich die Wahl der Rosenart bzw. -sorte. Soll die Rose einzeln oder als Gruppe stehen? Blüht sie nur einmal oder öfter? Welche Wuchsform weist sie auf? Die meisten Rosen bevorzugen einen sonnigen, luftigen Platz mit tiefgründigem Boden, der genügend Feuchtigkeit und Nährstoffe enthält. Beim Kauf der Rosen ist auf folgende Qualitätsmerkmale zu achten: Die Wurzeln müssen frisch und kräftig sein. Rosen der Güteklasse A haben ein gut verzweigtes Wurzelwerk und drei kräftige Triebe, von denen zwei aus der Veredelungsstelle (am Wurzelhals) wachsen müssen, der dritte Trieb kann 5 cm darüber stehen. Sie wachsen schneller an als Rosen der Güteklasse B mit nur zwei Trieben an der Veredelungsstelle. Die Sprosstriebe sollen prall und glatt sein. Sorten mit ADR-Zertifikat (ADR = Anerkannte Deutsche Rose) sind besonders robust und widerstandsfähig.

Strauchrosen können allein, im Staudenbeet oder neben anderen Sträuchern stehen.

Ansprüche an Standort und Boden

Rosen bevorzugen nicht zu windige, jedoch gut belüftete, sonnige bis halbschattige Standorte. Sie sollten nicht direkt an Südwände in die pralle Sonne gepflanzt werden, da sich dort die Wärme so stark staut, dass die Pflanzen leiden und für Schädlings- und Pilzbefall anfällig sind. Zudem verblassen die Blütenfarben, die Rosen verblühen schneller, und bei mehrmals blühenden Rosen kann die Nachblüte deutlich beeinträchtigt sein.
Neben ausreichenden Lichtverhältnissen brauchen Rosen an ihrem Standort sehr viel Luft, man muss ihnen deshalb unbedingt genügend Platz für ungehindertes Wachstum einräumen.
Der Standraum wird von zwei Faktoren bestimmt: von Wuchskraft und -charakter sowie vom Verwendungszweck. Einzelpflanzen in einer Rosenhecke werden dichter gepflanzt als in einer Strächergruppe und dort wiederum enger als in einer großzügigen Pflanzung besonders schöner Einzelexemplare.
Im Allgemeinen stellen Rosen nicht allzu hohe Ansprüche an den Boden, einige Bedingungen sollte er dennoch erfüllen. So vertragen Rosenwurzeln keine Staunässe, benötigen aber immer genügend Wasser und Luft. Deshalb sollte der Boden einerseits tiefgründig, locker und wasserdurchlässig sein. Andererseits muss er Wasser und Nährstoffe speichern können, um eine hinreichende Nährstoffversorgung der Rosen zu gewährleisten. Ideale Rosenböden sind leicht lehmig mit einem pH-Wert zwischen 6 und 7.
Wichtig: Niemals sollten Rosen in einen Boden gepflanzt werden, in dem zuvor bereits längere Zeit Rosen oder andere zur Familie der Rosengewächse gehörende Pflanzen standen. Ist jedoch im Garten kein anderer Standort verfügbar, sollte der Boden großzügig – für jede Rose auf einer Fläche von 70 × 70 cm, ebenso bis in eine Tiefe von 70 cm – ausgetauscht und durch frische Gartenerde ersetzt werden.

Die Vorbereitung des Bodens

Zunächst wird genau geplant, an welchen Platz man die Rosen pflanzen will. Mindestens 6 bis 8 Wochen vor der Pflanzung beginnt man mit der Vorbereitung des Bodens. Je nach Art des Gartenbodens lassen sich entsprechende Maßnahmen ergreifen, um ihn den Ansprüchen der Rosen anzupassen. Ein schwerer Boden muss tief umgegraben und gleichzeitig mit Humus und Sand angereichert werden, um seine Stabilität und Wasserdurchlässigkeit zu verbessern. Beim Umgraben ist darauf zu achten, dass nicht die unteren Bodenschichten nach oben gelangen, sondern der humusreiche Oberboden als oberste Schicht erhalten bleibt. In die unteren Bodenschichten bringt man beim Umgraben reifen Gartenkompost sowie pro Quadratmeter eine Hand voll Knochen- oder Blutmehl bzw. Hornspäne ein. Bei einem leichten, sandigen Boden verzichtet man auf tiefes Umgraben und reichert nur die oberste Schicht (20 cm) gut mit Kompost, Blut- oder Knochenmehl sowie Hornspänen an. Für den Fall, dass aufgrund früher Herbstfröste der Boden bereits gefroren ist, wenn die Rosen gekauft sind oder zugesandt wurden, sollte man vorbeugend an einer geschützten Ecke im Garten durch Abdeckung ein Stück Boden frostfrei halten. Dort werden die Rosen mit den Wurzeln flach liegend, 5 bis 10 cm über die Veredelungsstelle hinaus mit Erde bedeckt eingeschlagen, bis man sie nach Ende der Frostperiode an ihren vorgesehenen Standort setzen kann.

Mein Tipp

Gesunde und reich blühende Rosen garantiert das ADR-Prädikat (Allgemeine deutsche Rosenneuheitenprüfung). Das Prädikat wird nur an Neuheiten verliehen, die besonders widerstandsfähig und winterhart sind.

Rosen pflanzen

Rosen lassen sich rund ums Haus pflanzen, vorausgesetzt sie bekommen mindestens 5 Stunden Sonne am Tag. Sie dürfen jedoch nicht zu nah an die Hauswand gesetzt werden, da Stauhitze Schädlinge anlockt.

Der beste Zeitpunkt zur Pflanzung ist der Herbst. Ehe die Rosen an ihren endgültigen Standort gesetzt werden, legt man sie bis zu 24 Stunden vollständig in Wasser. Kurz vor der Pflanzung sollten die Wurzeln einheitlich so weit eingekürzt werden, dass sie, von der Veredelungsstelle aus gemessen, noch etwa 20 cm lang sind. Von den oberirdischen Pflanzenteilen werden im Herbst nur die angebrochenen, verletzten Triebe entfernt. Das Pflanzloch hebt man so tief und breit aus, dass später die Veredelungsstelle 5 cm unter der Erdoberfläche liegt und sich die Wurzeln locker im Erdreich ausbreiten können. Dann hält man die Rose so tief in die Pflanzgrube, dass sich der Veredelungsknoten 10 bis 15 cm unter der Erdoberfläche befindet, und achtet darauf, dass die Wurzeln gerade liegen. Während das Pflanzloch allmählich mit dem Erdaushub gefüllt wird, zieht man dabei die Rose langsam wieder in die Höhe, sodass die Erde auch zwischen die Wurzeln rutscht und diese überall Kontakt zum Boden bekommen. Ist die Pflanze entsprechend ausgerichtet, wird die eingefüllte Erde so um die Rose herum festgedrückt, dass eine flache Gießmulde entsteht, die man mit Wasser füllt. Sobald das Wasser vollständig versickert und der Boden gut durchfeuchtet ist, wird das Pflanzloch ganz mit Erde gefüllt. Zum Schutz vor Austrocknung und Frost häufelt man abschließend die Triebe mit Erde oder gut verrottetem Kompost an.

Kletter-, Stamm- und Containerrosen pflanzen

- Für Kletterrosen sollte das Spalier mit einem Abstand von mindestens 10 cm an der Wand befestigt werden, damit eine gute Durchlüftung möglich ist und kein Hitzestau entsteht. Zudem lassen sich so die Triebe besser anbinden. Die Pflanzgrube muss etwa 20 cm vom Spalier entfernt so tief ausgehoben werden, dass später die Veredelungsstelle 5 cm unter der Erdoberfläche liegt. Die Wurzeln werden schräg zur Halterung in das Pflanzloch gelegt.
- Stammrosen weisen am Fuß ihres Stammes eine leichte, deutlich erkennbare natürliche Biegung auf. Sie müssen so eingepflanzt

Beim Einsetzen die Wurzeln auf einem Erdhügel ausbreiten.

Pflanzgrube füllen und Erde mit den Händen festdrücken.

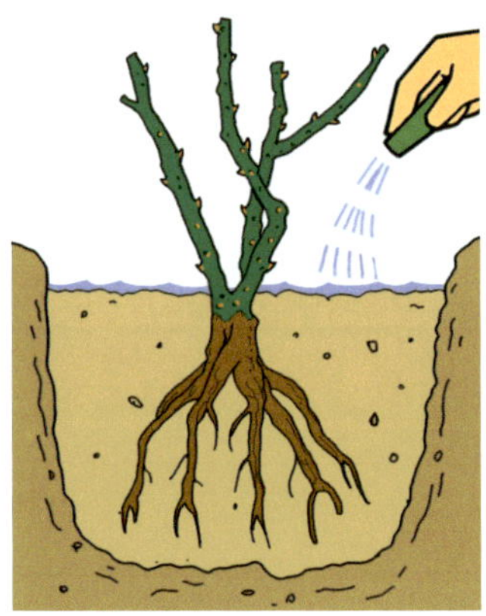

Pflanze bis Gießrandhöhe wässern; einige Male nachwässern.

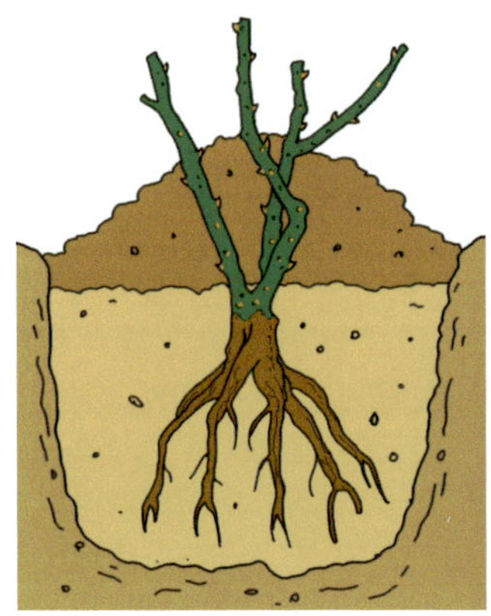

Pflanze mit guter Gartenerde etwa 30 cm hoch anhäufeln.

werden, dass sich die Pflanze im Winter niederlegen lässt, ohne dass es dabei an dieser Stelle zum Bruch kommt (siehe Winterschutz Seite 70). Zur Stütze wird vor der Pflanzung ein Holzpfahl in das Pflanzloch gesetzt, der etwa 5 bis 10 cm unterhalb des Kronenansatzes enden sollte. Die Rose pflanzt man so an den Pfahl, dass ihr Stamm möglichst nah an diesem entlang läuft. Die Stelle, an der sich die Wurzeln verzweigen, sollte in Höhe der Erdoberfläche liegen. So lassen sich heranwachsende Wildtriebe besser entfernen. Sind Pfahl und Rose in die Erde gesetzt, wird wie vorab beschrieben weiter verfahren. Zuletzt bindet man noch den Stamm an den Pfahl und achtet darauf, dass er dabei nicht zu fest eingeschnürt wird.

- Containerrosen werden in Plastiktöpfen oder Folienbeuteln angeboten, und man kann sie das ganze Jahr über, auch im Sommer, einpflanzen. Vor dem Pflanzen wird die Rose gut gewässert. Dann entfernt man den Topf oder den Folienbeutel und setzt die Rose mitsamt ihrem Wurzelballen so in das Pflanzloch ein, dass Ballen- und Erdoberfläche in einer Ebene liegen. Hohlräume füllt man mit einem Gemisch aus Erde und Kompost auf, drückt alles gut an und wässert ausgiebig. Im Sommer gepflanzte Rosen sollten öfter nachgewässert werden.

Rosen umpflanzen

Der günstigste Zeitpunkt zum Umpflanzen alter Rosen ist Ende Oktober bis Anfang Dezember. Am neuen Standort wird die Pflanzgrube so großzügig ausgehoben, dass die Rose wieder ihre ursprüngliche Standhöhe erhält. Für den Transport schneidet man ein Ballenleinen zu und legt es bereit. Um die Pflanze herum zieht man mit senkrechten Spatenstichen einen Kreis (Ø 60 cm) und gräbt außerhalb davon die Erde ringsum ab. Dann wird mit schrägen Spatenstichen der Wurzelballen gelöst und vorsichtig herausgehoben. Man setzt die Pflanze auf das Ballentuch und wickelt den Wurzelballen fest darin ein, damit er beim Transport nicht auseinander fällt. Zum Einsetzen wird das Ballenleinen wieder entfernt, die Rose in die neue Pflanzgrube gesetzt und mit Erde aufgefüllt. Abschließend tritt man die Erde leicht an und wässert die Pflanze gut.

Ein üppiger Rosenbogen mit karminroter Kletterrose

Rosen pflegen

Zu den wichtigsten Pflegemaßnahmen im Rosengarten gehört die regelmäßige und sorgfältige Bearbeitung des Bodens. Man lockert ihn mit einem Grubber oder einer Grabgabel auf, um unerwünschten Wildwuchs zu entfernen. Die Bodenbearbeitung sollte nur oberflächennah erfolgen, damit man die Feinwurzeln der Rosen nicht beschädigt. Wunden regen die Bildung von Wildtrieben an. Das Auflockern der Erdoberfläche bewirkt zudem, dass der Boden danach wieder mehr Feuchtigkeit aufnehmen und speichern kann. Für die Lockerung tieferer Bodenschichten wird eine zweizinkige Rosengrabgabel benutzt; sie schont das Wurzelwerk. Wildtriebe, die sich an den Wurzeln oder dem Wurzelhals der Rosenunterlage bilden, kosten die Rose Kraft und sollten entfernt werden. Dazu gräbt man die Wurzelränder ein Stück frei und schneidet die unerwünschten Sprosse mit einer scharfen Rosenschere direkt am Stamm ab.

Rosa Beetrosen lassen sich wunderbar mit Lavendel kombinieren.

Rosen gießen

In der Zeit nach der Pflanzung und bei lang anhaltender Trockenheit muss zu Gießkanne oder Gartenschlauch gegriffen werden, um die Rosen ausreichend mit Wasser zu versorgen. Dabei gelten folgende Grundregeln:

- Frisch gepflanzte Rosen oder Rosen an trockenen Standorten müssen öfter gegossen werden.
- Zum Gießen die kühlen Morgen- oder Abendstunden nutzen.
- Darauf achten, dass nur der Boden und nicht die Pflanze nass wird. Auf nassen Blättern siedeln sich Krankheitserreger an.
- Lieber seltener, dafür aber durchdringend (mindestens 20 l pro Quadratmeter) als häufiger und sparsam wässern. Danach kann je nach Bodenart und Standort eine ein- bis zweiwöchige Gießpause eingelegt werden.
- Bei einem stark ausgetrockneten Boden ist es wichtig, dass die Feuchtigkeit vor allem die oberen Bodenschichten erreicht und nicht schnell durch die gröberen Poren versickert. Deshalb sich zum Gießen Zeit nehmen und das Wasser langsam in einem sanften Strahl an die Rosen gießen.
- Nach dem Gießen, wenn der Boden leicht angetrocknet ist, die oberen 3 bis 5 cm leicht auflockern.

Rosen düngen

Als Dünger für Rosen eignen sich am besten reifer Kompost, verrotteter Stallmist oder organischer Dünger (Hornspäne). Dadurch wird eine ausgewogene Versorgung mit Nährstoffen garantiert und das Bodenleben aktiviert. Entscheidend ist, den Dünger bereits im Herbst oder im zeitigen Frühjahr auszubringen. Denn es dauert einige Wochen, bis Kleinstlebewesen das organische Material aufgearbeitet haben. Erst dann können die Wurzeln die Nährstoffe aufnehmen. Eine ebenfalls gute und zudem bequeme Lösung besteht im Streuen von mineralischem Langzeitdünger im März und Mitte Juni. Auftretende Mangelerscheinungen lassen sich mit mineralischen Sofortdüngern schnell ausgleichen.

Wichtig: Damit die Rosentriebe bis zum Winter verholzen, darf stickstoffhaltiger Dünger nur bis Ende Juni verwendet werden. Der erfahrene Gärtner folgt hier einer Bauernregel: Nach dem „Johannistag“ (24. Juni) soll man nicht mehr düngen!

Wildrosen (hier *Rosa rugosa*) bezaubern durch ihre einfachen, zarten Blüten.

Rosen schneiden

Wildtriebe entziehen der Rosenwurzel Nährstoffe. Werden sie nicht entfernt, wächst ein großer Rosenbusch heran, der mit der Zeit die Edelrose überwuchert und sie absterben lässt.

Der günstigste Zeitpunkt für den Hauptschnitt liegt im Frühjahr – je nach Witterung zwischen März und April. Er sollte durchgeführt werden, wenn die unteren Knospen zu schwellen beginnen. Rosen besitzen druckempfindliches Holz, Verletzungen vernarben nur langsam oder gar nicht. Deshalb ist einwandfrei funktionierendes Werkzeug unabdingbar. Die Gartenschere eignet sich zum Schneiden junger und mehrjähriger Triebe sowie für das Wegschneiden verblühter Rosen. Mit der Baumsäge (Fuchsschwanz) entfernt man starke, alte Triebe und dürres Holz. Die Astschere kommt zum Schneiden starker Triebe (bis zu 5 cm Durchmesser) zum Einsatz.
Grundsätzlich gelten für den Schnitt folgende Regeln:

- Geschnitten wird immer leicht schräg über einem nach außen gerichteten Auge.
- Totes oder krankes Holz (dunkles Mark) bis ins gesunde Holz (helles Mark) hinein abschneiden.
- Alte Triebe direkt am Boden bzw. am Wurzelhals entfernen.
- Schwache, nach innen gerichtete, zu dicht stehende und sich überkreuzende Triebe auslichten.

Einmal blühende Rosen blühen an Kurztrieben, die sich am alten Holz entwickeln. Sie werden nicht im Frühjahr geschnitten, sondern nur alle paar Jahre ausgelichtet. Da sie häufig schöne Hagebutten ausbilden, schneidet man auch nicht nach der Blüte.
Öfter blühende Rosen blühen zunächst an diesjährigen Trieben, in einem zweiten und dritten Flor an den sich laufend aus den abgeblühten Trieben entwickelnden Seitenzweigen. Sie erhalten neben dem Frühjahrsauch einen regelmäßigen Sommerschnitt, um den neuen Blütenansatz anzuregen.
Alle 3 bis 5 Jahre empfiehlt sich ein radikaler Rückschnitt der Rosenstöcke, um die Pflanzen zu verjüngen.
Wichtig: Strauch- und Kletterrosen möglichst zurückhaltend schneiden, sonst geht die Kraft der Pflanze in den Wuchs, sie blüht dann weniger. Erst wenn die Wachstumsphase abklingt, setzt die Rose wieder verstärkt Blüten an. Abgeblühte Blüten so tief ab-

Der richtige Schnitt erfolgt immer 1 cm über dem Auge.

Eng stehende Triebe, die eine Astgabel bilden, entfernen.

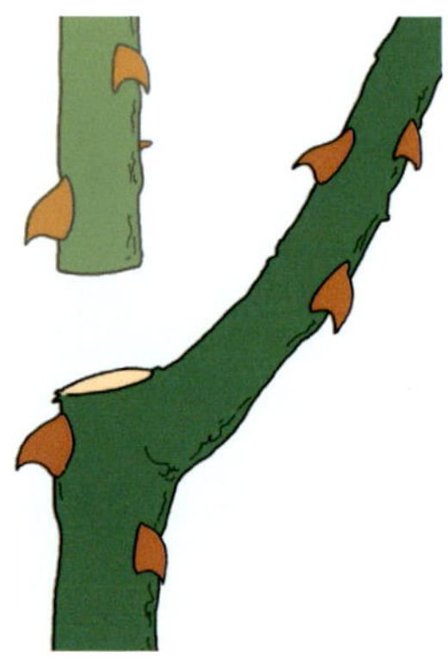

Kurzes Triebstück (Zapfen) dicht an der Vergabelung entfernen.

Astringe stehen lassen, aus ihnen bilden sich neue Triebe.

schneiden, dass mindestens 2 Augen mit entfernt werden, die Rosen treiben dann schneller wieder durch und blühen besser.

Strauchrosen schneiden

Bei einmal blühenden Strauchrosen fällt neben dem Auslichten kein zusätzlicher Schnitt an. Sie gedeihen ohne einen Rückschnitt der Triebe gut und entwickeln dann erst den für sie typischen Wuchs. Öfter blühende Strauchrosen werden ebenfalls laufend ausgelichtet. Bei sparrigem oder kümmerlichem Wuchs empfiehlt sich ein Rückschnitt im Frühjahr sowie die Entfernung der verwelkten Blütenstände im Sommer, um den nachfolgenden Flor zu kräftigen.

Kletterrosen schneiden

Obwohl auch hier der Schnitt im Frühjahr möglich ist, schneidet man Kletterrosen am besten gleich nach der Blüte, um das Ausreifen des Holzes zu fördern. Das Entfernen schwächlicher und kranker Triebe sowie verwelkter Blütenstände gehört hier zu den wichtigsten Schnittmaßnahmen. Zudem sollten die Seitentriebe am älteren Holz auf 2 bis 5 Augen eingekürzt werden.
Alle 2 bis 3 Jahre schneidet man die ältesten Triebe möglichst bodennah ab, um die Bildung von Neutrieben zu fördern. Die langen Haupttriebe, die an Spalieren, Pergolen oder Bögen hochklettern sollen, werden nicht zurückgeschnitten.

Beetrosen schneiden

Beetrosen blühen in Büscheln und werden durch einen regelmäßigen Sommerschnitt zur ständigen Nachblüte angeregt. Man schneidet den Blütenstand über einem darunter stehenden, voll ausgebildeten, fünfteiligen Blatt ab. Beim Grundschnitt im Frühjahr wird – je nach Alter der Pflanze – die Anzahl der Triebe auf 3 bis 8 Augen begrenzt. Dünnere Triebe kürzt man stärker auf 3 bis 4 Augen, kräftigere, ältere Triebe auf 4 bis 6 Augen ein.

Stammrosen schneiden

Hochstämmchen sind in der Regel auf einem Stamm veredelte Strauch- oder Beetrosen. Beim Auslichten im Frühjahr soll vor allem darauf geachtet werden, dass eine kompakte, gleichmäßig runde Krone entsteht. Man schneidet die Haupttriebe jeweils oberhalb eines nach außen gerichteten Auges. Auf diese Weise bekommt das Innere der Krone genügend Licht, und es bilden sich verstärkt Jungtriebe. Ende März werden die Triebe auf 15 bis 20 cm eingekürzt.

Damit Strauchrosen sich mit anderen Pflanzen schön zu einer Gruppe fügen, müssen sie mit der Schere in Zaum gehalten werden.

Winterschutz für Rosen

Die meisten einheimischen Wildrosen sind in der Regel frosthart und benötigen keinen Winterschutz. Viele Strauch-, Beet- und Kletterrosen brauchen jedoch im Winter eine „warme Verpackung“. Der erste Schritt des Winterschutzes besteht darin, die Stickstoffdüngung der Rosen rechtzeitig (spätestens Mitte Juli) zu beenden. Nur eine Pflanze, die ihr Wachstum früh genug einstellt und deren Triebe vor dem Winter gut ausreifen können, kann den Winter schadlos überstehen. Ab September sollte auch der Boden nicht mehr bearbeitet werden, damit die Bodenorganismen zur Ruhe kommen und keinen Stickstoff mehr freisetzen. Der Zeitpunkt für die eigentlichen Winterschutzmaßnahmen darf keinesfalls zu früh gewählt werden. Die Rosen sollten, so lange es die Witterung zulässt, der frischen Luft ausgesetzt sein. Erst bei Dauerfrost fängt man mit dem Winterschutz an.

Junge Hochstämme umbiegen, im Boden mit Haken befestigen sowie Krone und Fuß anhäufeln.

Strauchrosen anhäufeln und Reisig locker zwischen die Triebe in den Erdhügel stecken.

Die Überwinterung beginnt mit dem Anhäufeln. Die empfindliche Veredelungsstelle der Rosen liegt bei richtiger Pflanzung zwar bereits unter der Erde, doch zum Schutz vor strengem Frost bedeckt man Anfang November die Rosenstöcke mit einem 20 bis 30 cm hohen Erdhaufen, der zusätzlich mit reifem Kompost angereichert sein kann. Gefährlich sind vor allem die extremen Temperaturschwankungen. Die Wintersonne führt bei Dauerfrost zu Spannungen in der Rinde, die dann aufplatzen kann und das Absterben der Zweige bewirkt. Starke Sonneneinstrahlung sowie kalte Ost- und Nordwinde fördern die Verdunstung des in den Zweigen gespeicherten Wassers. Ist der Boden gefroren, kann die Rose kein neues Wasser über die Wurzeln aufnehmen. So entsteht eine Feuchtigkeitsverlust, der die Pflanze vertrocknen lässt. Um dies zu vermeiden, schattiert man die Rosen, zum Beispiel durch Auflegen von Fichten- bzw. Tannenreisig oder das Anbringen von Sackleinen. Reisigmaterial eignet sich besonders gut, da die Nadeln im Frühjahr abrieseln und Luft und Sonne wieder an die Triebe gelangen können. Mit Sackleinen lässt sich ein Hochstämmchen bestens verpacken. **Wichtig:** Plastikfolie ist als Winterschutz ungeeignet. Bei mildem Wetter entsteht unter ihrer Abdeckung ein Hitzestau, der zu vorzeitigem Austrieb führt.

Winterschutz für Hochstämme

Hochstämme benötigen einen besonderen Winterschutz, da ihre Veredelungsstelle direkt unter der Krone am oberen Ende des Stammes sitzt. Vor dem Einwintern müssen die letzten Blätter und noch weichen Triebspitzen entfernt werden, da sie im Winter sonst verfaulen würden. Ist der Stamm der Rose noch biegsam, wird er vorsichtig niedergelegt, und zwar in Richtung der natürlichen Biegung am Fuß des Stammes. Es empfiehlt sich, den Stamm dafür bis zur Wurzel freizugraben, damit die Krümmung besser zu erkennen ist. Mit Astgabeln oder Drahtbügeln wird der Stamm dann am Boden festgehalten. Die Krone bedeckt man über die Veredelungsstelle hinaus locker mit Erde und kann zusätzlich auch hier Nadelreisig als Schutzschicht auflegen. Ist die Stammrose so alt, dass sich ihr Stamm nicht mehr herunterbiegen lässt, bindet man die Krone zusammen, verpackt sie in Stroh oder Holzwolle und schützt sie außerdem mit einer Reisigschicht. Der Stamm wird ebenfalls mit Reisig oder Sackleinen umhüllt.

Winterschutz entfernen

Ende März, Anfang April kann der Winterschutz entfernt werden. Wartet man damit länger, wachsen unter der Abdeckung die Triebe zu schnell und werden zu weich. Damit die Rosen nicht sofort intensiver Sonnenstrahlung ausgesetzt sind, wählt man für diese Arbeit einen trüben Tag. Abdeckungen aus Reisig und Sackleinen müssen behutsam abgenommen werden, damit die austreibenden Knospen keinen Schaden erleiden. Sobald keine Spätfröste mehr zu erwarten sind, verteilt man vorsichtig mit der Hacke die angehäufelte Erde. Junge Hochstammrosen bleiben nach der Beseitigung des Winterschutzes einige Tage lang in ihrer heruntergebogenen Haltung liegen, ehe sie aufgerichtet und an einem Pfahl befestigt werden können.

Beetrosen zeichnen sich durch eine reiche Blüte und intensive Farben aus.

Pflanzenschutz bei Rosen

Kräftige und gesunde Rosensträucher sind die beste Voraussetzung zur Vermeidung von Rosenkrankheiten. Eine gezielte Auswahl der Rosen, der geeignete Standort sowie die sorgfältige und intensive Pflege tragen hierzu entscheidend bei. Ungünstige Witterungsbedingungen können jedoch selbst robusten Sorten, die in guten Böden stehen, zusetzen. Krankheits- und Schädlingsbefall beginnen meist mit unauffälligen Symptomen. Daher ist es wichtig, die Rosen regelmäßig und sorgfältig zu kontrollieren. Nur so ist rechtzeitige und nachhaltige Abhilfe möglich. Wenn es dennoch trotz aller vorbeugenden Maßnahmen zur Erkrankung oder zum Schädlingsbefall kommt, sollte man nicht gleich zu chemischen Pflanzenschutzmitteln greifen, sondern sich überlegen, ob nicht dieselbe Wirkung mit natürlichen, wesentlich umweltfreundlicheren Maßnahmen zu erzielen ist. Natürliche Pflanzenstärkungsmittel (Pflanzenbrühen und -jauchen) und im Garten lebende Nützlinge wirken oft wahre Wunder. Wenn dies nichts hilft, müssen biologische Pflanzenschutzpräparate aus dem Fachhandel zu Hilfe genommen werden. Bevor im äußersten Notfall auch chemische Mittel zum Einsatz kommen, muss man sich unbedingt ausführlich vom Fachmann beraten lassen. Es sollten nur bienenungefährliche und nützlingsschonende Präparate verwendet werden, die selektiv wirken, also ganz gezielt eine Krankheit oder einen Schädling bekämpfen.

Englische Rose 'Graham Thomas'

- Pilzerkrankungen entwickeln sich bevorzugt bei zu hoher Feuchtigkeit und Wärme und befallen besonders häufig stickstoffüberdüngtes, weiches Pflanzengewebe. Die Pilze wachsen mit ihren Fäden in das Zellgewebe der Rose und entziehen ihr Nährstoffe. Die Vermehrung erfolgt durch Sporen, die durch die Luft transportiert werden und somit für eine schnelle Verbreitung sorgen.
- Viruserkrankungen werden meist durch saugende Insekten oder infizierte Schneidewerkzeuge übertragen. Es kommt zu verminderter Blütenbildung, kümmerlichem Wuchs und Blattschäden.
- Tierische Schädlinge (Insekten, Spinnentiere, Nematoden) verursachen Fraß- und Saugschäden an Laub, Trieben, Wurzeln und Knospen.

Rosen spritzen

Mit dieser Maßnahme sollte erst dann eingegriffen werden, wenn die natürliche Widerstandskraft der Rosen überschritten ist. Hat zum Beispiel der Blattläusebefall ein Ausmaß angenommen, dass die Pflanze die Menge der Schädlinge nicht mehr ohne Schaden verkraften kann, muss gespritzt werden. Mit einer „normalen" Blattläusepopulation wird eine gesunde Rose in einem naturnahen Garten mit seinen Nützlingen ohne diesen massiven Eingriff fertig. Beim Spritzen sind folgende Grundregeln genau zu beachten:

- Pflanzenschutzmittel grundsätzlich nur mit größter Vorsicht einsetzen.
- Anwendungshinweise und vorgeschriebene Konzentrationen genau beachten.
- Blattunterseiten gut einsprühen; Pilze und Schädlinge sitzen auch dort.
- Nie in geöffnete Blüten spritzen.
- Sprühnebel nicht einatmen; am besten Maske und Handschuhe tragen.
- Pflanzenschutzmittel gut verschlossen in den Originalbehältern sowie für Kinder und Haustiere unerreichbar aufbewahren.
- Spritzmittelreste nicht wegschütten, sondern als Sondermüll entsorgen.

oben: Sternrußtau
unten: Rosenrost

Krankheiten bei Rosen

Ursache	Schadbild	Vorbeugung	Behandlung
Sternrußtau; Pilzinfektion, vorwiegend in regenreichen, kühlen Sommern	schwarze, zum Rand hin sternförmig auslaufende Flecken auf den Blättern; diese vergilben und fallen vorzeitig ab	widerstandsfähige Sorten pflanzen; ausgewogen düngen; Ackerschachtelhalmbrühe verabreichen	befallene Blätter entfernen und vernichten; schwefelhaltige Mittel in zehntägigem Abstand spritzen
Rosenrost; Pilzinfektion, vorwiegend bei warmer Witterung und Trockenheit	gelbe bis rote Flecken auf der Blattoberseite, orangerote Pusteln auf der Blattunterseite; vorzeitiger Blattfall und Triebverkümmerung	nicht in die Nähe von Wacholder pflanzen (Zwischenwirt); ausgewogene Ernährung; Ackerschachtelhalm- und Wermutbrühe verabreichen	befallenes Laub entfernen und vernichten
Echter Mehltau; Pilzinfektion; feucht-schwüle Witterung mit wenig Luftbewegung; zu hohe Stickstoffgaben	weißer, mehliger Überzug auf Trieben, Knospen und Blättern; Blätter verkrüppeln, Holz reift nicht aus, kümmerlicher Wuchs befallener Triebe und Blüten	widerstandsfähige Sorten wählen; luftiger Standort; Ackerschachtelhalmbrühe oder Brennnesseljauche verabreichen; einseitige Stickstoffgaben vermeiden	in zehntägigem Abstand mit Mehltau-Mitteln spritzen; im Herbst befallene Triebe bis ins gesunde Holz abschneiden und vernichten
Falscher Mehltau; Pilzinfektion, vorwiegend in nassen Sommern	grau-weißer Schimmelrasen, später bräunlichrote Flecken auf den Blattunterseiten; teilweiser Blattfall	luftige Standorte wählen; Ackerschachtelhalmbrühe verabreichen	befallene Blätter absammeln und vernichten
Rußtau; verschiedene Pilzarten siedeln sich auf den „Honigtau"-Ausscheidungen der Blatt- und Schildläuse an	klebriger, schwärzlicher Belag, der die Blätter erstickt	robuste Sorten pflanzen; Ackerschachtelhalmbrühe verabreichen	Spritzen mit einer Seifen-Spiritus-Lösung
Grauschimmel; Pilzinfektion, vorwiegend in kühlen, regenreichen Sommern	hellgrauer Schimmelbelag und Faulstellen auf Knospen, Blüten, Blättern und Trieben; schnelles Welken und Absterben ganzer Pflanzenteile	feuchte und schlecht belüftete Standorte vermeiden; erste zarte Blättchen mit Ackerschachtelhalmbrühe abspritzen, im Abstand von 8 Tagen zweimal wiederholen	erkrankte Teile entfernen und vernichten

Tierische Schädlinge

Ursache	Schadbild	Vorbeugung/Behandlung
Blattläuse; warme, trockene Witterung; starke Stickstoffdüngung	Saugschäden an Knospen, Trieben und Blattunterseiten; Verkrüppelungen und verkümmerte Blüte	gut belüfteten Standort wählen; dosierte Stickstoffdüngung; Nützlinge (Marienkäfer, Florfliege) schonen; befallene Blätter und Triebe entfernen und vernichten; mit Brennnesseljauche oder Schmierseifenlösung spritzen
Spinnmilben; heiße trockene Sommer	Saugschäden an den Blättern; weißlich-gelb gesprenkelte, später bräunliche Blattoberseite, weiße Gespinste an den Blattunterseiten; Blätter verdorren und fallen ab	sonnig-heiße Standorte vermeiden; Nützlinge (Raubmilben) schonen; Ackerschachtelhalmbrühe verabreichen; befallene Blätter entfernen und vernichten
Schildläuse; zu trockene oder übermäßig feuchte Standorte	Saugschäden an Trieben und Blättern; Honigtaubildung, nachfolgend Rußtauentwicklung; verkümmerter Wuchs	sorgfältige Standortwahl; Nützlinge (Florfliegen) schützen; Läuse mit der Bürste entfernen; Pflanze mit Paraffin- oder Weißölen spritzen (ersticken die Läuse); wieder abwaschen; befallene Triebe und Blätter entfernen und vernichten
Blasenfüße; Massenvermehrung bei warmer Witterung und Trockenheit	silbrige, meist dunkel umrandete Flecken auf Blättern und Blüten; Knospen entfalten sich schwer; Blüten sind verkrüppelt	befallene Knospen entfernen und vernichten
Rosenzikade; zu trockener, warmer Standort	starke Saugschäden; Blattoberseite gelblich-weiß gesprenkelt; Blätter vertrocknen und fallen ab	Blattunterseite mit Insektizid besprühen
Rosentriebbohrer; Blattwespen legen im Frühjahr Eier einzeln an den Triebspitzen ab, die Larven bohren sich ins Mark	Welken der Triebspitzen, Blätter verdorren, Triebe sterben ab	Nistkästen für Vögel anbieten; befallene Triebe bis ins gesunde Holz abschneiden und verbrennen, ehe die Larven sie verlassen
Rosenblattrollwespe, legt ihre Eier im Mai an die Blattränder; diese rollen sich ein, und die Larven können sich darin ungestört entwickeln	durch Fraßschäden hängen die Blätter röhrenförmig nach unten, vergilben und sterben ab	bei vereinzeltem Befall Blättern entfernen und vernichten; bei starkem Befall mit pyrethrumhaltigen Mitteln die Blattunterseiten intensiv besprühen

Mein Tipp

Bei starkem Blattlausbefall empfiehlt sich ein Rosenpflaster. Es schont Nützlinge und wirkt zwei Monate. Man befestigt es an den Haupttrieben.

Der Wassergarten

Naturnahe Wasserwelt im Garten

Wasser als Lebenselixier hatte von jeher eine elementare Bedeutung. Nicht zuletzt deshalb ist der Traum vieler Gartenbesitzer eine individuell gestaltete Wasserlandschaft mit abwechslungsreicher Bepflanzung. Die Sehnsucht nach einem wenn auch nur kleinen Stück Natur, sozusagen einem eigenen „Biotop“, wird durch einen naturnahen Gartenteich in nahezu idealer Weise erfüllt. Er bereichert nicht nur das landschaftliche Bild eines Gartens, er überträgt auch Ruhe und Ausgeglichenheit auf den Betrachter. Denn es gibt wohl kaum einen schöneren Platz zum Verweilen und Träumen als am Gartenteich, wo Seerosen und andere Blütenpflanzen ihre Farbenpracht entfalten, Libellen durch die Luft schwirren und Schmetterlinge über die Pflanzen gaukeln. Wasserläufer machen Jagd auf Insekten, und aus der Sumpfzone sind die leisen Rufe der Erdkröte zu hören. Solch eine Idylle ist prinzipiell in jedem Garten möglich. Ist man Besitzer eines großen Grundstücks, lässt sich ein großer Wassergarten anlegen, der ins Auge fällt. Aber auch in einem kleinen Garten kann sich ein Teich schön in sein Umfeld einfügen.

Der Steg ermöglicht eine gute Beobachtung von Pflanzen und Tieren in und am Teich.

Zierteich oder Naturteich?

Wer einen Zierteich anlegt, möchte Zierfische (wie Goldfische und Kois) einsetzen. Die Bepflanzung wird weniger üppig, sondern eher dekorativ ausfallen. Denn bei Zierteichen steht der ästhetische Aspekt stärker im Vordergrund, außerdem sind sie häufig zu klein, um sich selbst biologisch regulieren zu können. Hierzu ist ein relativ hoher Pflegeaufwand erforderlich sowie der Einsatz von technischen Hilfsmitteln unumgänglich, beispielsweise Pumpen zur Sauerstoffzufuhr und Wasserfilter.

Ein Naturteich im Garten stellt für einheimische Pflanzen und Tiere (Libellen, Amphibien, kleine Wassertiere) ein Refugium dar, in dem sie sich von selbst ungestört ansiedeln können. Manche Naturteichfreunde verzichten sogar ganz auf den künstlichen Besatz von Pflanzen und Tieren und warten ab, bis diese sich von selbst einfinden. Wem dazu die Geduld fehlt, der kann seinen Teich aber auch nach eigenen Vorstellungen bepflanzen und so anlegen, dass er schon bald Tiere anlockt. Ein richtig angelegter Naturteich kommt ohne technische Hilfsmittel aus. Man muss lediglich starkwüchsige Pflanzen auslichten und den Teich im Herbst reinigen, der Pflegeaufwand ist deutlich geringer. Aus diesem Grund wird im folgenden Kapitel vorrangig auf die Anlage, Pflege und Bepflanzung eines Naturteichs eingegangen.

Teichgröße und Teichform

Größe und Form von Gartenteichen sollten sich am Gesamtbild des Gartens orientieren. Wo ausreichend Platz vorhanden ist, empfiehlt es sich, den Teich möglichst groß anzulegen. Ein großer Teich ermöglicht eine abwechslungsreiche Bepflanzung und bildet ein stabiles Ökosystem. Doch auch ein

Die Weiße Seerose (*Nymphea alba*) ist seit alters her bei uns heimisch.

kleinerer Teich funktioniert bei richtiger Anlage und Pflege einwandfrei. Für Pflanzen und Tiere sollten drei verschiedene Bereiche eingeplant werden: Sumpfzone (0 bis 5 cm Wassertiefe), Flachwasserzone (10 bis 30 cm Wassertiefe) und Tiefwasserzone (mehr als 60 cm Wassertiefe). Für die Teichform sind die Gegebenheiten des Grundstücks entscheidend. Dabei gilt es zu bedenken, dass sich bei einer sehr kurvenreichen Form der Arbeitsaufwand für das Ausheben und Abdichten der Teichgrube erhöht. Das ideale Teichprofil (Querschnitt der Teichgrube) besitzt ausgedehnte, flach auslaufende Uferzonen. Wenn hierfür nicht genügend Platz ist, lässt sich ein Teichufer so steil wie möglich anlegen. Dadurch gewinnt man hier eine frostfreie Tiefwasserzone und hat gegenüber ein flaches, gut zu bepflanzendes Ufer. Damit der Teichboden gut liegen bleibt und nicht abrutscht, sollte der Böschungswinkel überall nicht mehr als 35° betragen. Die Einbindung der Wasserfläche in den Garten gelingt am besten, wenn sie, wie in der Natur, an der tiefsten Stelle im Gelände liegt. Stehen im Hintergrund des Teichs eine Hecke, Sträucher oder Bäume, lässt sich am Teichrand mit hohen Stauden und Ziergräsern ein fließender Übergang schaffen.

Hinter dieser so natürlich wirkenden Teich-Idylle verbirgt sich viel Arbeit.

Der richtige Standort

Bei der Suche nach dem richtigen Standort für den Gartenteich sollte man sich unbedingt Zeit lassen. Fehler bei der Planung sind später kaum oder nur mit enormem Aufwand zu korrigieren. In Terrassennähe kann man die Wasseroase am besten genießen. Gibt es jedoch in Hausnähe keinen geeigneten Standort, wird man gleich einen Sitzplatz am Teich einplanen.

Für das Wachstum der Pflanzen am und im Teich sind Licht und Wärme, aber auch Schatten wichtig. Der optimale Standort bietet Schatten während der Mittagszeit und Sonne (mindestens 6 bis 8 Stunden) während des restlichen Tages. Als Schattenspender können Großsträucher oder kleine Bäume in südlicher Lage gepflanzt werden. Der Abstand sollte aber mindestens so groß sein, dass die Krone eines ausgewachsenen Baums den Teich nicht überragt. Das Herbstlaub lässt sich zwar mit einem Laubschutznetz auffangen, doch auch herabfallende Blüten und Früchte belasten auf Dauer das Teichwasser. Zudem können starke Baumwurzeln kleine Teichbecken regelrecht ausheben.

Auf die Witterungseinflüsse ist ebenfalls zu achten: Kann der Wind ungehindert auf den Teich einwirken, entsteht ein wechselhaftes Klima, bei dem sich die Teichbewohner nicht immer wohl fühlen. Günstiger ist ein eher geschützter Platz mit Hecken oder Mauern.

Mit einer Probegrabung lässt sich feststellen, ob man am vorgesehenen Platz mit dem Spaten in die erforderliche Tiefe kommt. Generell empfiehlt es sich (außer bei Sandböden), ein Schutzvlies einzulegen, vor allem, wenn der Boden einzelne Gesteinsbrocken enthält. Bei einem sehr felsigen Untergrund sollte man allerdings entweder den Wasserspiegel höher anlegen oder einen anderen Platz wählen.

Fertigteich oder Folienteich?

Die Wahl des Materials hängt in erster Linie von der Größe des geplanten Gewässers ab. Das Angebot an Fertigteichen ist beträchtlich – die Größe reicht von kleinen Teichen mit einem Fassungsvermögen von etwa 100 l bis hin zu zusammengesetzten Teichanlagen, die mehrere tausend Liter Wasser fassen. Auch die Formen lassen kaum Wünsche offen.

Für Teiche mit einer Oberfläche von weniger als 5 m^2 empfehlen sich Polyethylen-Becken. Sie sind überaus stabil und lassen sich leicht handhaben. Für größere Teiche bietet der Handel Fertigbecken aus glasfaserverstärktem Kunststoff an. Selbst nach vielen Jahren kommt es bei diesem Werkstoff zu keiner Materialermüdung. Allerdings erschweren die Größe und das vergleichs-weise hohe Gewicht der Fertigbecken den Transport und den Einbau. Generell ist beim Kauf von Fertigteichen darauf zu achten, dass verschieden tiefe Pflanzzonen und eine breite Randzone vorhanden sind.

Wer den Bau eines individuellen Folienteichs bevorzugt, hat die Wahl zwischen drei Materialtypen. Schwarze PVC-Folie wird am häufigsten verwendet. Sie lässt sich einfach, schnell und sicher verkleben, was jederzeit auch kleinere Reparaturen möglich macht. Polyethylen-Folien sind weniger flexibel und nicht so langlebig; dafür sind sie preiswert und umweltschonend. Sehr hochwertig und robust sind Folien aus synthetischem Kautschuk. Dank ihrer hohen Flexibilität lassen sie sich leicht auslegen.

Für die Folienstärke ist die Teichtiefe und der damit verbundene Wasserdruck maßgebend. Hier gelten folgende Richtwerte: Bei einer Teichtiefe von weniger als 80 cm reicht eine Folienstärke von 0,8 mm aus. Zwischen 80 und 150 cm Teichtiefe empfiehlt sich eine Folienstärke von 1,2 mm; über 150 cm Teichtiefe benötigt man 1,5 mm starke Folien. Für folgende Eigenschaften der Folien sollten die Herstellerfirmen garantieren: UV-beständig, wurzelfest, reißfest, hitze- und frostbeständig, verrottungsfest.

Einen Fertigteich anlegen

Bei der Anlage eines Fertigteichs muss beim Ausheben der Teichgrube genauer gearbeitet werden als beim Folienteich. Je geschwungener die Teichränder sind, umso schwieriger wird der Einbau, denn der Fertigteich muss waagerecht eingesetzt werden, sonst steht das Wasser schief im Becken. Man stellt das Teichbecken an den vorgesehenen Platz und kennzeichnet die Umrisse mit Sand oder einer Schnur. Damit der Fertigteich genau in die Grube passt, sollten die verschieden tiefen Zonen markiert werden. Anhand der Markierungen wird die Teichgrube ausgehoben, zuerst die Mulde für die tiefste Ausbuchtung. Sie muss 10 bis 15 cm tiefer und breiter als die Ausbuchtung sein. Den Boden der Mulde bedeckt man mit einer 5 bis 10 cm hohen Sandschicht und klopft sie mit einem Brett so fest, dass eine waagerechte Ebene entsteht. Danach wird die übrige gekennzeichnete Grube ausgehoben und ebenfalls mit einer Sandschicht versehen. Nun setzt man das Becken ein und richtet die Oberkante mithilfe einer Messlatte und einer Wasserwaage waagerecht aus.

Vor dem Einschlämmen des Fertigteichs füllt man ihn zu einem Drittel mit Wasser. Für ein später fest sitzendes Becken wird an den Rändern Sand eingebracht und mit Wasser in die noch vorhandenen Hohlräume geschwemmt. Damit sich die Sandschicht verdichten kann, lässt man das Wasser langsam darauf fließen.

Mein Tipp

Fertigteiche sind zwar stabil, Steine, Wurzeln und spitze Gegenstände sollten dennoch aus der Teichgrube entfernt werden.

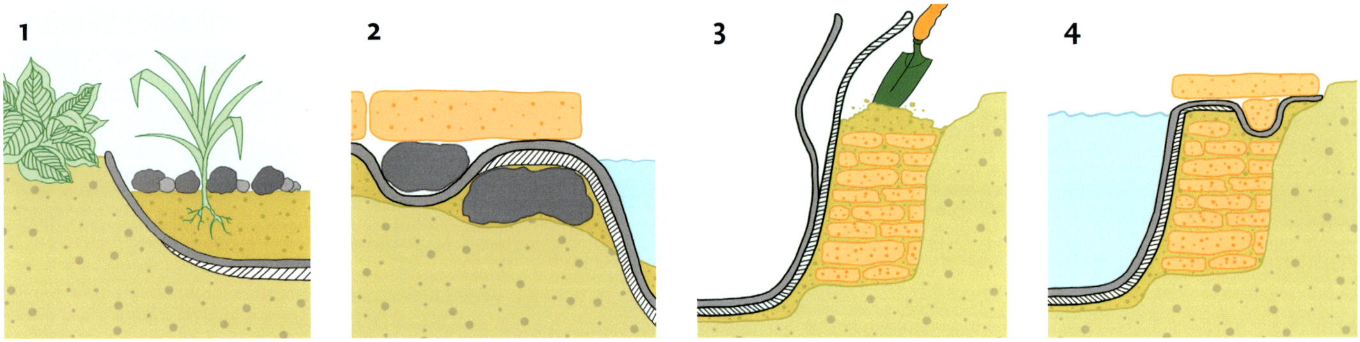

1) Bei nicht befestigten Uferzonen zeigt das Folienende nach oben.
2) Beim begehbaren Teichrand Folie zweimal hochziehen und mit Steinen fixieren.
3/4) Für die Trockenmauer Steine aufschichten. Zwischenräume mit Erde füllen. Folie und Vlies darüber ziehen. Mit einem Stein fixieren und einer großen Trittplatte abdecken.

Einen Folienteich anlegen

Sobald der passende Standort gefunden ist, kann mit der Arbeit begonnen werden. Zunächst wird die Außenform des Teichs mit Sand oder einer Schnur gekennzeichnet. Dann trägt man mit dem Spaten die oberste Bodenschicht ab, hebt die flachen Grassoden mit einer Grabgabel ab und lagert sie auf einer bereitgelegten Plastikplane. Danach folgt der Aushub des Mutterbodens, der getrennt gelagert wird. Für die Tiefenstaffelung markiert man die unterschiedlichen Teichzonen mit Sand und hebt dann die Teichgrube Stück für Stück aus. Mit Messlatte und Wasserwaage wird abschließend überprüft, ob der Teichrand auch waagerecht liegt. Eine eventuell nötige Korrektur erfolgt durch Abgraben oder Aufschütten des Erdreichs. Mithilfe eines Maßbandes oder einer Schnur ermittelt man dann die Länge und Breite der benötigten Folie, wobei für die Randbefestigung auf allen Seiten jeweils 60 cm hinzugerechnet werden müssen. Bei größeren Teichen lässt sich das Zusammenfügen von mehreren Folienbahnen nicht vermeiden. Da man dies nur schwierig selbst machen kann, sollte man sich die Folie fertig verschweißt vom Hersteller liefern lassen. Zum Schutz vor spitzen Steinen und Wurzeln wird eine 15 cm dicke Sandschicht sowie ein Schutzvlies in die Grube eingebracht und darauf die Folie verlegt (am besten bei warmem Wetter). Sind Steine und Pflanzen in den tieferen Teichzonen platziert, füllt man den Teich teilweise mit Wasser (10 bis 20 cm hoch), damit sich die Folie langsam setzen kann. Der Teichrand wird erst nach einigen Tagen befestigt und gestaltet.

Den Teichrand gestalten

Die Gestaltung des Teichufers ist eine nicht ganz leichte Aufgabe. Denn es gilt die unschönen Folien- oder Beckenränder zu kaschieren sowie den Teich harmonisch in sein Umfeld einzubinden. Im Sinne einer ungestörten Entwicklung des „Teichlebens" befestigt man nur einen kleinen Teil des Teichrands und macht ihn somit begehbar. Das übrige Ufer sollte als Rückzugszone für Tiere und als Standort für empfindliche Pflanzen möglichst nicht betreten werden. Welche Materialien letztlich für den Teichrand zum Einsatz kommen, hängt vom Stil des Wassergartens ab.
Für den begehbaren Teil des Ufers legt man zunächst einen schmalen Zugang zum Teich mit Natursteinplatten an. Am einfachsten lässt sich das flache Ufer einfassen, indem man die Folienränder mit Rasensoden bedeckt. Steinplatten dürfen nicht direkt auf

die Folie gelegt werden, zwischen Folie und Platten schüttet man eine 5 cm hohe Sandschicht auf. Natursteine sehen besonders schön aus, und auch mit Rundhölzern lässt sich das Ufer dekorativ befestigen.
Der nicht begehbare Teichrand kann als Sumpfbeet, Schilfgürtel oder Steinwall gestaltet werden. Ein *Sumpfbeet* bietet zusätzlichen Lebensraum für bestimmte Pflanzen und Tiere. Die Wassertiefe beträgt 0 bis 5 cm. Die Teichfolie wird unter dem Sumpfbeet ausgelegt und mit einer 25 cm dicken Sandschicht aufgefüllt. Ein *Schilfgürtel* bildet, vor allem für einen Naturteich, einen wunderbaren Rahmen. Allerdings wächst Schilf so stark, dass ein Schilfufer mit einer eigenen Pflanzwanne angelegt werden sollte. Die trennende Folienfalte muss auf allen Seiten aus dem Wasser ragen, da sonst unterirdische Wurzelausläufer in den Teich hineinwachsen. Der *Steinwall* ist zum Sonnen für Reptilien wie Eidechsen und als Winterquartier für Amphibien wie Frösche und Molche gedacht. Er wird aus großen Kieselsteinen locker aufgeschichtet. Am schönsten ist es, wenn man den Wall im Sumpfbeet beginnen und außerhalb der hochgezogenen Folie im Trockenen enden lässt.
Wichtig: Es darf keine Verbindung vom äußeren Erdreich bis ins Wasser bestehen. Man muss eine so genannte Kapillarsperre aufbauen, die das Wasser vom Erdreich trennt. Anderenfalls entsteht ein so genannter Löschblatteffekt, der innerhalb kurzer Zeit das Wasser aus dem Teich saugt: Außerhalb des Teichs ist es trocken, die Erde reicht bis in die Sumpfzone, und das Wasser wird über die Kapillare abgesaugt.

Diese außergewöhnlich gestaltete „See-Terrasse“ ist ein herrlicher Sitzplatz.

Pflanzen für den Gartenteich

Sumpfpflanzen

deutscher Name	botanischer Name	Blüte	Wassertiefe
Sumpfpflanzen			
Kalmus	*Acorus calamus*	Mai bis Juli; unscheinbar, grünlich	0–10 cm
Froschlöffel	*Alisma plantago-aquatica*	Juni bis August; klein, weiß	0–30 cm
Schwanenblume	*Butomus umbellatus*	Juni bis August; weiß-rosa	0–10 cm
Sumpfkalla	*Calla palustris*	Mai bis Juli; weißes Hochblatt	0–10 cm
Sumpf-Dotterblume	*Caltha palustris*	April bis Juni; leuchtend gelb	0–5 cm
Wasserdost	*Eupatorium cannabinum*	Juli bis September; dunkelrot bis rotviolett	0–5 cm
Mädesüß	*Filipendula ulmaria*	Juni bis August; weiß	0–5 cm
Blutweiderich	*Lythrum salicaria*	Juni bis September; purpurrot	0–15 cm
Pfennigkraut	*Lysimachia nummularia*	Mai bis Juli; gelb	0–10 cm
Fieberklee	*Menyanthes trifoliata*	Mai/Juni; weiß, rosa überhaucht	0–10 cm
Blaue Schwertlilie	*Iris sibirica*	Juni; blauweiß, dunkel geädert	0–5 cm
Gelbe Schwertlilie	*Iris pseudacorus*	Mai/Juni; gelb	0–10 cm
Hechtkraut	*Pontederia cordata*	Juni bis November; blau, weiß, rosa	0–20 cm
Pfeilkraut	*Sagittaria sagittifolia*	Juni bis August; weiß	0–20 cm
Zungen-Hahnenfuß	*Ranunculus lingua*	Juni bis August; gelb	0–40 cm
Wollgras	*Eriophorum*	Früchte im Juni/Juli mit weißen Wollflöckchen	0–5 cm
Tannenwedel	*Hippuris vulgaris*	Juni bis August; unscheinbar, grün	5–20 cm
Gewöhnliches Schilf	*Phragmites australis*	Juli bis September; grün bis rötlich	0–30 cm
Sumpf-Blutauge	*Potentilla palustris*	Juni/Juli; blutrot	0–10 cm
Sumpf-Vergissmeinnicht	*Myosotis palustris*	Mai bis September; hellblau	0–5 cm

Schwimm- und Schwimmblattpflanzen · Unterwasserpflanzen

deutscher Name	botanischer Name	Blüte	Wassertiefe
Scheinzypergras-Segge	*Carex pseudocyperus*	Juni; unscheinbar, grünlich	0–10 cm
Rohrkolben	*Typha*	Juni bis August; unscheinbar, grünlich	0–20 cm
Schwimm- und Schwimmblattpflanzen			
Wasserstern	*Callitriche palustris*	Mai bis Oktober; unscheinbar	0–60 cm
Teichrose	*Nuphar lutea*	Juni bis August; leuchtend gelb	80–200 cm
Seekanne	*Nymphoides peltata*	Juli/August; gelb	50–150 cm
Froschbiss	*Hydrocharis morsus-ranae*	Juni bis August; weiß	ab 5 cm
Wasser-Knöterich	*Polygonum amphibium*	Juni bis September; rosa	30–100 cm
Schwimmendes Laichkraut	*Potamogeton natans*	Juni bis August; grün	ab 40 cm
Krebsschere	*Stratiotes aloides*	Mai bis Juli; weiß	ab 10 cm
Wassernuss	*Trapa natans*	Juni/Juli; unscheinbar, weiß	40–150 cm
Weiße Seerose	*Nymphaea alba*	Juni bis September, weiß	70–300 cm
Zwerg-Seerose	*Nymphaea tetragona*	Juni bis September; weiß, orange	20–30 cm
Wohlriechende Seerose	*Nymphaea odorata*	Juni bis September; weiß, gelb, rosa	ab 30 cm
Unterwasserpflanzen			
Raues Hornblatt	*Ceratophyllum demersum*	Juni bis September unscheinbar	bis 150 cm
Tausendblatt	*Myriophyllum*	Juni bis August; rosa	bis 100 cm
Wasserpest	*Elodea*	Mai bis September	bis 100 cm
Wasserfeder	*Hottonia palustris*	Mai/Juni; weiß bis rosa	10–50 cm
Wasserschlauch	*Utricularia vulgaris*	Juni bis August	10–50 cm
Wasser-Hahnenfuß	*Ranunculus aquatilis*	Mai/Juni; weiß	30–100 cm

Mein Tipp

Einige Wasserpflanzengärtner stellen auf Anfrage für die Erstbepflanzung kleiner Teiche passende Pflanzensortimente zusammen. Man muss bei der Bestellung nur die Teichgröße und Sonderwünsche angeben.

Pflanzen sind die Seele des Gartenteichs

Grünen und blühen soll es am Gartenteich. Üppig wachsende Teichpflanzen stellen jedoch nicht nur schmückendes Beiwerk dar, sie bilden eine Lebensgemeinschaft und spielen darin eine große Rolle. Ihre wichtigste Aufgabe: für klares Wasser sorgen und die Algenblüte verhindern. Teichpflanzen entnehmen dem Wasser gelöste Nährstoffe und entziehen damit den unerwünschten Algen die Lebensgrundlage. Besonders erfolgreich sind dabei die Unterwasserpflanzen. Deren große Blattfläche, an der sich Schwebstoffe absetzen und dort „festgehalten" werden, sorgt für zusätzliche Wasserklärung. Unterwasserpflanzen tragen zudem zur Sauerstoffanreicherung des Wassers bei. Sie geben Sauerstoff ins Wasser ab, wo er Tiere und Mikroorganismen versorgt. Schon bei der Teichanlage kann man dafür sorgen, dass Wasser- und Sumpfpflanzen prächtig gedeihen.

Was sind Teichpflanzen?

Teichpflanzen haben sich ausgezeichnet an das Leben im Wasser oder mit vom Wasser überstauten Wurzeln angepasst. Man unterscheidet zwei Gruppen: Wasserpflanzen und Sumpfpflanzen. Wasserpflanzen besitzen sehr weiche Blätter, die nicht mit einer Wachsschicht versehen sind. Dadurch können sie dem Wasser direkt Nährstoffe und Kohlendioxid entnehmen. Wasserpflanzen werden wiederum unterteilt in Unterwasserpflanzen, Schwimmblattpflanzen und Schwimmpflanzen.

- Unterwasserpflanzen leben völlig untergetaucht, wurzeln im Boden und werden in die Tief- oder Flachwasserzone gesetzt.
- Schwimmblattpflanzen wurzeln ebenfalls im Boden und gehören in die Tief- oder Flachwasserzone. Ihre Blätter schwimmen an der Wasseroberfläche, einige besitzen anders gestaltete Unterwasserblätter.

links: Tannenwedel
Mitte: Straußblütiger Felberich
rechts: Schwertlilie

- Schwimmpflanzen schwimmen an der Wasseroberfläche, haben aber meist keine Bodenwurzeln, da sie frei im Wasser treiben. Sie bevorzugen die Tiefwasserzone.
- Sumpfpflanzen stehen entweder nur mit den Wurzeln oder auch mit dem untersten Spross-teil im Wasser. Ihre häufig großen und zarten Blätter ermöglichen ihnen in der feuchten Umgebung eine ausreichende Wasserverdunstung.

Pflanzen kaufen

Das Angebot an attraktiven und farbenprächtigen Pflanzen für den Gartenteich ist so umfassend, dass die Auswahl schwer fällt. Damit der Teich wirklich zum Pflanzenparadies und nicht von Pflanzen erstickt wird (die meisten Wasserpflanzen sehen beim Kauf ziemlich klein und unscheinbar aus), macht man sich vor dem Kauf am besten einen Pflanzplan. Eine große Auswahl an Teichpflanzen bieten Gartencenter, Zoo- und Gartenfachhandlungen sowie spezielle Wasserpflanzengärtnereien.

Wichtig: Keinesfalls dürfen die Pflanzen aus der Natur, also von ihren natürlichen Standorten geholt werden! In jedem Fall würden Lebensräume geschädigt; bei Arten, die unter Naturschutz stehen (wie die meisten in der Tabelle Seiten 84/85), würde man zudem mit dem Gesetz in Konflikt geraten.

Beim Kauf (oder nach Erhalt von bestellter Pflanzware) schaut man sich die Pflanzen genau an:

- Die Wurzeln müssen weiß sein; blauschwarze oder braune Wurzelspitzen könnten auf faulende Pflanzen hindeuten.
- Der Wurzelstock, aus dem später die Blätter sprießen, soll kräftig verdickt sein. Sind junge Triebe schon zu weit entwickelt, müssen sie zurückgeschnitten werden.

In natürlichen Gewässern findet man solch üppige Seerosenbestände nur noch selten.

- Der Wurzelstock soll nach frischer Erde riechen, nicht faulig (Ausnahme: Seerosen, siehe Seite 91).
- Die Pflanzen müssen junge Triebe oder Knospen aufweisen, und es dürfen nicht zu viele Stängel oder Blätter abgeknickt sein.

Sumpfpflanzen transportiert man so, dass ihre Wurzeln im Wasser stehen oder mit einer Plastiktüte vor dem Austrocknen geschützt sind. Schwimm- und Schwimmblattpflanzen setzt man zum Transport in einen mit Wasser gefüllten Eimer oder ein größeres Gefäß, damit die Schwimmblätter auf der Wasseroberfläche liegen können. Teichpflanzen lassen sich nicht lange lagern und sollten möglichst sofort nach dem Kauf eingepflanzt werden.

Die Seerose *Nymphaea* 'Attraction' entwickelt ihre sortentypische Farbe erst im Laufe der Zeit.

Die Lebensbereiche am und im Teich

Im Gartenteich unterscheidet man vier Lebensbereiche, die man bei der Anlage des Teichs entsprechend gestaltet und bepflanzt. Gemäß ihrem natürlichen Lebensraum bevorzugen Teichpflanzen spezifische Lebensbedingungen. Erst durch die Vielfalt der Lebensbereiche für die Pflanzen, die durch unterschiedliche Uferneigung und Wassertiefe geschaffen werden, kann auch eine Vielfalt an Pflanzenarten im Gartenteich gedeihen. Wählt man die Pflanzen standortgerecht aus, werden zugleich die Voraussetzungen für eine gute Wasserqualität erfüllt.

Der Teichrand

Wenn die Teichfolie richtig verlegt ist, wird der Teichrand ebenso trocken sein wie der restliche Garten. Daher können dort auch alle anderen Gartenpflanzen eingesetzt werden. Am besten eignen sich Pflanzen, die in der Natur ebenfalls in Gewässernähe vorkommen und dennoch ein wenig Trockenheit vertragen. Falls der Rasen bis an den Teichrand reicht, verhindert eine Zone aus Steinen oder Kies, dass das Gras in den Teich hineinwächst.

Die Sumpf- und Flachwasserzone

Ist die Sumpfzone ausreichend groß und im sonnigsten Bereich des Gartens gelegen, lässt sich dort eine Vielzahl an Pflanzen ansiedeln. Vom Wasserspiegel bis zur Folie sollte sie – flach verlaufend – 0 bis 25 cm tief und etwa 10 cm dick mit speziellem Teichsubstrat oder einem Kieselgemisch (08/16 oder 16/32) bedeckt sein. Der Übergangsbereich zwischen Sumpf- und Tiefwasserzone darf nicht zu steil gestaltet werden, da sonst der Bodengrund abrutscht. Bodenneigungen bis etwa 30° können mit einem feineren Material bedeckt werden. Für steilere Stellen empfiehlt sich ein gröberes Substrat.

Die Tiefwasserzone

Für manche Pflanzenarten, vor allem aber auch für Tiere, die im Teich überwintern, ist eine tiefe Zone (mindestens 80 cm) unabdingbar. Bei kleineren Teichen wird durch die ausgedehnte Sumpf- und Flachwasserzone bereits viel von dem Platz verbraucht, der für den Teich vorgesehen ist. Um die notwendige Wassertiefe zu erreichen, legt man hier am besten einen kleineren Teil des Ufers steil an.

Der Teichzugang

Für die Pflege sollte der Teich gut zugänglich sein. Man bepflanzt einige Stellen – insbesondere in der Hauptblickrichtung – eher spärlich oder gestaltet mit Natursteinplatten ein Stück des Teichrands begehbar. Eine breite, dicht bewachsene Teichrandzone sollte natürlich nicht fehlen. Dort können im Schrittabstand verlegte Trittsteine die Teichpflege erleichtern.

Den Gartenteich bepflanzen

Damit sich die Pflanzen auch von Anfang an im Gartenteich wohl fühlen, müssen sie in die richtige Wassertiefe gesetzt werden. Die meisten Teichpflanzen geben sich mit einer mageren Teicherde zufrieden, die das Wasser nicht unnötig mit Nährstoffen belastet. Anspruchsvoller sind einige Blütenpflanzen, wie zum Beispiel Seerosen, Schwertlilien und Hechtkraut. Am besten pflanzt man während der Vegetationsperiode (ab etwa 10 °C Wassertemperatur), in der alle Pflanzen optimale Bedingungen vorfinden, um auch gut anwachsen zu können, also von Mitte April bis Mitte September. Der günstigste Zeitpunkt zur Neu- oder Nachpflanzung ist Mai/Juni, da sich dann die Pflanzen zu Beginn ihres Wachstums optimal an den neuen Standort anpassen und im Laufe des Sommers ihre ganze Pracht entfalten können. Pflanzen, die im Sommer gepflanzt werden, kann man allerdings erst im folgenden Jahr blühen sehen. Manche Unterwasserpflanzen bilden vor dem Winter kleine Knospen aus, die abfallen und im Schlamm überdauern. Aus diesen Überwinterungsknospen wachsen im Frühjahr wieder neue Pflanzen heran. Wer im zeitigen Frühjahr oder Spätherbst nachpflanzt, muss deshalb darauf achten, dass er den Teich nicht zu dicht bepflanzt.

Verschieden große Teichpflanzen sollte man nicht unmittelbar zusammenpflanzen. Die kleineren würden von den größeren völlig beschattet und verdrängt werden.

1) Teichrand
2) Sumpfzone
3) Flachwasserzone
4) Tiefwasserzone
5) Flachwasserzone
6) Teichrand

Ob Pflanzerde für Körbe oder Bodengrund, entscheidend für das Gedeihen der Pflanzen ist immer die richtige Erdmischung. Falsch zusammengesetzt kann sie das Teichleben erheblich stören.

Einpflanzen in den Bodengrund

Teichpflanzen mit geringem Nährstoffbedarf lassen sich ohne zusätzliches Substrat direkt in den Bodengrund setzen. Umgeknickte Stängel schneidet man an der Knickstelle ab. Die Wurzeln werden, auch wenn sie kurz sind, immer geschnitten. Dadurch entfernt man nicht nur abgestorbene Teile, sondern regt auch das Wachstum an. Mit einer kleinen Schaufel gräbt man ein Pflanzloch in den Bodengrund, das nur wenig größer ist als der Wurzelballen. Dann wird die Pflanze eingesetzt und das Pflanzloch mit Bodengrund aufgefüllt. Dabei ist darauf zu achten, dass der Wurzelhals gerade noch mit Bodengrund bedeckt ist.

Für anspruchsvolle Teichpflanzen ist, insbesondere bei neu angelegten Teichen, die Nährstoffversorgung nicht ausreichend garantiert. Für sie wird das Pflanzloch etwa 5 cm tiefer und breiter als der Wurzelballen ausgegraben und zusätzlich mit nährstoffreicher Gartenerde aufgefüllt. Damit die Nährstoffe auch bei den Wurzeln bleiben und nicht ins Teichwasser gelangen, bedeckt man die Erde mit einer Schicht aus Kies. Einige Pflanzen stellen besondere Ansprüche an den pH-Wert und damit an den Kalkgehalt des Teichwassers. Für eine kalkliebende Pflanze, wie zum Beispiel die Blaue Schwertlilie, gibt man in das Pflanzloch noch etwas gelöschten Kalk hinzu. Die Sumpfkalla hingegen verträgt keinen Kalk; für sie eignet sich eine Gabe von gut verrottetem Rindenmulch ins Pflanzloch.

Einpflanzen in Pflanzkörben

Pflanzcontainer oder -körbe für Wasserpflanzen gibt es im Fachhandel in verschiedenen Größen und Formen. Sie eignen sich für Teiche ohne Bodengrund sowie für das Einsetzen nicht winterharter Pflanzen. Zudem lässt sich mit Gitterkörben das Ausbreiten stark wuchernder Pflanzen begrenzen. Für Pflanzen, die im Herbst zum Überwintern aus dem Teich geholt werden müssen, empfehlen sich Gitterkörbe, da sie nicht so schwer sind und das Wasser besser ablaufen kann. Damit die Pflanzerde nicht ins Teichwasser gelangt, kleidet man die Körbe mit einem dünnen Pflanzvlies aus. Dann wird der Korb zu zwei Dritteln mit Substrat (Sand-Lehm-Kiesel-Gemisch), bei anspruchsvollen Gewächsen zusätzlich mit Gartenerde gefüllt. Es muss so

Feine Wurzeln vor dem Pflanzen einkürzen.

Rhizom waagerecht auf das Substrat legen.

Erde rundum auffüllen und leicht andrücken.

Erdoberfläche mit Kieseln beschweren.

viel Platz bleiben, dass die Wurzeln beim Einpflanzen nicht nach oben gebogen werden. Die Wurzeln oder Wurzelstöcke setzt man so ein, dass die Triebansätze für die Blätter nach oben zeigen. Dann wird der Korb mit spezieller Fertigteicherde aufgefüllt, diese leicht angedrückt und durchnässt. Das überstehende Vlies schneidet man ab und bedeckt die Substratoberfläche mit einer Kiesschicht. Bei kleinen Teichen können die Pflanzkörbe in den gefüllten Teich gesetzt werden. Platziert man die Körbe im leeren Teich, darf mit dem (langsamen!) Wassereinlauf nicht zu lange gewartet werden, sonst vertrocknen die Pflanzen. Außer Seerosenkörben kommen alle Pflanzkörbe gleich an den endgültigen Platz.

Einpflanzen von See- und Teichrosen

Besondere Sorgfalt ist beim Pflanzen von See- und Teichrosen geboten. Der wurzelähnlich verdickte Speicherspross (Rhizom) ist sehr empfindlich und darf beim Pflanzen nicht beschädigt werden. Die Pflanzen neigen sonst zum Kümmern oder sterben sogar völlig ab. Zunächst werden die feinen Rhizomwurzeln eingekürzt und etwaige Faulstellen mit einem Messer vorsichtig herausgeschnitten. Dabei fällt meist der stark faulige Geruch des Rhizoms auf. Er ist jedoch durchaus normal, da immer wieder Teile absterben und verfaulen, dafür aber neue gebildet werden. Das Rhizom von See- und Teichrosen wächst im Gegensatz zu den meisten anderen Pflanzen nicht senkrecht, sondern waagerecht und muss deshalb unbedingt auch so eingesetzt werden. Die oberirdischen Triebe wachsen dann wie gewöhnlich senkrecht nach oben. Die Pflanzen werden etwa zur Hälfte in das Substrat eingepflanzt (Seerosen benötigen humusfreie, lehmige Gartenerde). Die Rhizome deckt man anschließend mit dem Substrat ab, drückt es leicht an und befeuchtet es abschließend gut.

Seerosenkörbe sollten im Gartenteich mehrmals umplatziert werden, dann blühen die Pflanzen zeitiger und reicher. Im Frühjahr wird der Seerosenkorb ins Flachwasser gesetzt. Heben sich die Schwimmblätter leicht über den Wasserspiegel heraus, schiebt man den Korb in tieferes Wasser, bis die Blätter untertauchen. Der Vorgang wird so oft wiederholt, bis der Korb an der gewünschten Stelle in der Tiefwasserzone steht.

Steilufer bepflanzen

An steilen Teichufern rutschen Teicherde und Pflanzkörbe natürlich ab. Mithilfe von Böschungsmatten mit Pflanztaschen lässt sich ein Steilufer dennoch sehr schön mit Wasserpflanzen besetzen. Die Matten bestehen aus einem lockeren Kokosgeflecht und eignen sich für kleine und mittelhohe Sumpf- und Flachwasserpflanzen, die Ausläufer oder Rhizome bilden. Die Pflanztaschen werden bis etwa 5 cm unter den Rand mit Teicherde gefüllt. Dann setzt man die Pflanzen ein, drückt die Erde gut an und deckt sie mit einer Lage Kieselsteine ab. Damit die Erde beim Einsetzen der Pflanztaschen in den Teich nicht aufschwemmt, feuchtet man sie zuvor gut durch. Dann werden die Pflanztaschen langsam so tief ins Wasser gelassen, wie es den Standortansprüchen der jeweiligen Pflanzen entspricht. Die obere Lasche der Taschen wird mit speziellen Bodendübeln, die man zusammen mit der Matte im Fachhandel kaufen kann, mit schweren Steinen oder Zeltheringen am Teichrand befestigt. Dabei darf jedoch keinesfalls die Teichfolie beschädigt werden!

Mein Tipp

Für die länglichen Wurzelstöcke (Rhizome) der Seerosen sind die ovalen Gitterkörbe ideal geeignet.

Den Gartenteich pflegen

Wurde der Gartenteich fachgerecht angelegt und bepflanzt, kann man ihn im Sommer in vollen Zügen genießen, denn in der warmen Jahreszeit beschränkt sich die Pflege auf wenige Handgriffe. Im Herbst jedoch sollte man sich ausreichend Zeit nehmen und den Teich sorgfältig für die Überwinterung vorbereiten, damit die Teichbewohner den Winter gut überstehen und die Pflanzen im Frühjahr wieder in voller Pracht erblühen.

Beim ersten Einfüllen des Teiches ist auf eine möglichst gute Wasserqualität zu achten. Leitungswasser eignet sich grundsätzlich für den Gartenteich. Dennoch ist es ratsam, das Wasser vorher zu untersuchen. Im Fachhandel gibt es einfache Test-Sets, mit deren Hilfe sich die wichtigsten Wasserwerte ermitteln lassen, sowie verschiedene Produkte zur Korrektur des pH-Werts und der Wasserhärte. Ideale Bedingungen herrschen, wenn die Wasserhärte zwischen 8 und 12 °dH (deutscher Härtegrad) und der pH-Wert zwischen 7 und 8 liegt. In manchen Gegenden kann das Wasser auch einen zu hohen Gehalt an Nitraten aufweisen, wenn zum Beispiel Düngemittelrückstände aus der Landwirtschaft ins Grundwasser gelangt sind. Die Pflanzen im Teich werden diese Stoffe zwar verarbeiten, doch kommt es häufig zu verstärktem Algenwuchs. Hier empfiehlt sich die Zugabe eines im Fachhandel erhältlichen Wasseraufbereitungsmittels.

Pflegearbeiten am Gartenteich sind unerlässlich, will man die Bepflanzung attraktiv und das Wasser sauber halten.

Teichpflege übers Jahr

Wenn im Frühjahr die Eisdecke geschmolzen ist, sollte der Teich gereinigt werden. Abgestorbene Wasser- und Sumpfpflanzenteile zupft bzw. schneidet man vorsichtig ab. Blätter, die der Wind im Laufe des Winters in den Teich geweht hat, lassen sich mit dem Kescher herausfischen. Mit der langsamen Erwärmung des Wassers beginnt die Vegetationsperiode. Die nicht winterharten Pflanzen werden wieder eingesetzt. Man kontrolliert Wasserstand und Wasserqualität, füllt gegebenenfalls Wasser nach und reguliert eventuell die Wasserwerte.

Im Sommer müssen starkwüchsige Pflanzen, die sich bereits über die Maßen ausbreiten, ausgelichtet werden. Als Faustregel gilt, dass in einem Gartenteich nicht mehr als ein Drittel der Wasseroberfläche von Schwimmblattpflanzen bedeckt sein sollte. Das Auslichten und Schneiden ist nicht nur eine Pflegemaßnahme für die Pflanzen, sondern reguliert zudem den Nährstoffgehalt des Teichwassers. Werden Sumpfpflanzen ausgelichtet, sollte man sie über dem Wasserspiegel schneiden und dabei darauf achten, dass sich vor allem die Beschattung kleinerer, lichtbedürftiger Arten verringert. Nicht so üppig wachsende Pflanzen schneidet man möglichst wenig, damit sie von raschwüchsigen Konkurrenten nicht überwuchert werden. Bei längeren warmen Trockenperioden muss eventuell verdunstetes Wasser ergänzt und bei einer Erwärmung über 20 °C Sauerstoff zugeführt werden. Gelegentlich kann es zur so genannten „Wasserblüte" kommen (grünes Wasser durch Überproduktion mikroskopisch kleiner Algen). Sie entsteht auch bei Teichen in der Natur durch ein Überangebot von Phosphaten und Nitraten während der Sommermonate. Hier hilft die Zufuhr von Frischwasser, das grüne Wasser klärt sich wieder. Man kann aber auch die nächsten Regentage abwarten. Sollten Seerosen oder andere in Körbe gesetzte Wasserpflanzen kümmern, darf man vorsichtig mit einem speziellen Wasserpflanzendünger für Nährstoffzufuhr sorgen.

Nymphaea 'Froebeli' blüht auch bei kühler Witterung zuverlässig weiter.

Wenn sich im Herbst die Blätter gelb färben, muss der Gartenteich unbedingt vor herabfallendem Laub geschützt werden. Denn es führt ihm Nährstoffe zu, die die Qualität des Wassers rasch verschlechtern können. Stehen keine größeren Büsche oder Bäume in der Nähe, lassen sich kleinere Mengen Laub mit dem Kescher abfischen. Anderenfalls empfiehlt sich ein Laubschutznetz mit enger Maschenweite (20 mm). Es wird straff über die Wasseroberfläche gespannt und am Teichrand befestigt. Die sich darauf ansammelnde Laubschicht muss ab und an entfernt werden. Der Fachhandel bietet Netze von 6 bis 60 m² Größe an. Kombiniert können sie auch größere Flächen abdecken. Sind Früchte und Zapfen auf den Teichgrund abgesunken, werden sie ebenfalls am besten mit dem Kescher entfernt; ein Rechen könnte die Teichfolie und die Pflanzen verletzen.

Den Gartenteich überwintern

Während des Winters ruht auch der Gartenteich. Alle Stoffwechselprozesse werden auf ein Minimum reduziert, um Energie zu sparen und somit gut über den Winter zu kommen. Für einen großen, naturnahen Teich müssen keine besonderen Maßnahmen für die Überwinterung getroffen werden. Kleine Teiche hingegen kann man in der kalten Jahreszeit nicht sich selbst überlassen.

Bevor sich das erste Eis auf der Wasseroberfläche bildet, sollten frostempfindliche Pflanzen in Körben in mindestens 50 cm Wassertiefe gestellt werden, damit ihr Wurzelballen nicht einfriert. Kleine Seerosen lässt man ebenfalls rechtzeitig aus dem Flachwasserbereich ins tiefe Wasser umziehen. Ist dies nicht möglich, werden sie in Pflanzkörben auf den Boden eines möglichst großen, mit Wasser gefüllten Gefäßes gestellt und an einem frostfreien, hellen Platz im Haus überwintert. Tropische Seerosen, Lotosblumen und nicht winterharte Schwimmpflanzen überwintern am besten frostfrei, mit Laub zugedeckt im kühlen Keller. Hin und wieder kontrolliert man die Wurzelstöcke und schneidet faulende Stellen heraus.

Ein Naturteich im letzten Licht eines Winternachmittags

Sauerstoffzufuhr

Vor dem Wintereinbruch werden verwelkte Blätter, Blüten und Stängel aus dem Teich entfernt. Das gilt jedoch nicht für Schilf, Gräser, Binsen und andere Röhrichtpflanzen. Denn wenn auch der Teich zugefroren ist, so kommt es über die hohlen Stängel doch zum lebensnotwendigen Gasaustausch. Man bindet deshalb die Pflanzen vorsichtig zusammen, damit sie nicht umknicken. Zur Unterstützung der Sauerstoffzufuhr kann man mithilfe eines Eisfreihalters den Winter über für eine freie Stelle in der Eisdecke sorgen. Er besteht aus speziellen Styroporteilen und ist nicht nur preiswert, sondern auch sehr einfach (ohne Strom) zu bedienen. Die an seinen Rändern eingekerbten Schlitze ermöglichen bei zugefrorenen Teichen bis zu Temperaturen von −20 °C die Sauerstoffzufuhr und den Abzug von Faulgasen. Sobald mit den ersten Nachtfrösten zu rechnen ist, wird der Eisfreihalter in den Teich gelegt. Ein Vorrat an Sauerstoff im Teich entsteht, wenn man dem Teich unter der Eisdecke Wasser entzieht, bis der Abstand zur Eisdecke ca. 10 cm beträgt. Die zwischen Wasseroberfläche und Eisdecke liegende isolierende Luftschicht kann allerdings bei langen und strengen Wintern nur kurzfristig schützen. Kommt das Wasser mit der kalten Außenluft in Berührung, bildet sich bald eine zweite Eisschicht.

Die mit Raureif überzogenen Teichpflanzen formen ein reizvolles Geflecht aus bizarren Linien.

Teichabdeckung

Für kleinere Teiche unter einer Fläche von 8 bis 10 m^2, in denen Wasserpflanzen überwintern sollen, ist es durchaus sinnvoll, eine Teichabdeckung anzufertigen. Sie besteht aus einem Holzlattengerüst, das mit einer lichtdurchlässigen Kunststofffolie bespannt ist. Die Abdeckung wird mit einer leichten, nach Süden ausgerichteten Neigung auf den Teich gelegt. So kann einerseits Niederschlagswasser ablaufen, andererseits die Wirkung der passiven Solarenergie, ähnlich wie beim Frühbeetkasten, genutzt werden. Schnee kann grundsätzlich auf der Abdeckung liegen bleiben, besonders schweren Nassschnee sollte man jedoch entfernen. Im Frühjahr, wenn nicht mehr mit Frost zu rechnen ist, wird die Teichabdeckung wieder abgenommen.

Störungen erkennen und beheben

Anzeichen	Ursachen	Abhilfe
Algenblüte: trübes, grünes, faulig riechendes Wasser	Nährstoffanreicherung durch Zersetzung von Pflanzen und Tieren; zu fetter Bodengrund; Zulauf von düngehaltigem Oberflächenwasser	im Herbst Teich reinigen, um Nährstoffe zu verringern; Laub abfischen; Unterwasserpflanzen zur Eindämmung von Algen ausbringen
Bakterienblüte: Wasser ist milchig-trüb	zu viel organisches, zersetztes Material im Wasser, Teich „kippt um“	Treibgut abfischen, Wasser auswechseln; totes, organisches Material vom Teichgrund absammeln
Entengrütze: übermäßige Wucherung der Wasserlinse	zu nährstoffreiches Wasser	regelmäßiges Abfischen; gründliche Teichreinigung im Herbst
Sumpfpflanzen gehen ein	Schädlingsbefall, Schneckenfraß; Sumpfzone ist zeitweise ausgetrocknet	für optimale Wachstumsbedingungen sorgen; eine ständig überflutete Sumpfzone hält Schnecken fern; Teichrand umgestalten oder Arten pflanzen, die Trockenheit vertragen
Seerosenblätter schwimmen nicht, sondern stehen hoch	zu geringe Pflanztiefe	Seerosen tiefer setzen
im Frühjahr tote Tiere im Teich	Teich ist zu flach und war durchgefroren	für ausreichende Wassertiefe sorgen; Steilufer anlegen
Wasserspiegel sinkt ungewöhnlich stark ab	Wurzeln sind vom Teichrand in den Teich hineingewachsen und ziehen Wasser ab; Sumpfzone und Teichrand sind nicht getrennt	Wurzeln entfernen; Teichfolie senkrecht zum Teichrand als Kapillarsperre enden lassen
größere, unschöne Pflanzbehälter sind sichtbar	Pflanzen im Container sind nicht richtig ausgewählt: nur hoch- und schwachwüchsige Arten	am Containerrand flutende, weit ins Wasser wachsende Arten oder frei schwimmende Arten einsetzen
Bodengrund rutscht ab, es lassen sich keine Pflanzen mehr einsetzen	Ufer ist zu steil angelegt	Böschungsmatten mit Pflanzentaschen anbringen

Kein Problem mit Algen

So lästig sie auch sein mögen, Algen haben im Gartenteich durchaus ihre Berechtigung. Einerseits dienen sie vielen Teichbewohnern als Nahrungsquelle, andererseits geben sie lebenswichtigen Sauerstoff an das Wasser ab. Problematisch wird es erst, wenn sich die Algen explosionsartig vermehren. Häufig ist dafür eine hohe Nährstoffkonzentration im Wasser verantwortlich, die verschiedene Ursachen haben kann: Eintrag von Rasenschnitt, Laub und anderen Pflanzenresten oder Einwaschung von nährstoffreicher Erde und Dünger. Je weniger von diesen Stoffen in den Gartenteich gelangt, umso geringer ist die Gefahr übermäßiger Algenbildung. Da Wasserpflanzen in direkter Konkurrenz zu Algen stehen und somit deren Ausbreitung reduzieren, sollte der Teich reichlich damit besetzt sein. Wichtig ist darüber hinaus ein ausgeglichenes Verhältnis von Sonne und Schatten sowie eine ausreichende Teichtiefe (80 cm), damit sich das Wasser nicht zu stark erwärmt. Zum Entfernen von Fadenalgen eignen sich Kescher und verschiedene Spezialwerkzeuge aus dem Fachhandel.

Schlamm entfernen

Die Entstehung von Schlamm lässt sich im Gartenteich kaum vermeiden. Ursachen dafür sind u. a. herabfallendes Laub und verwelkte Reste von Wasserpflanzen. Diese Stoffe setzen sich am Teichgrund ab und bilden dort aufgrund von Abbauprozessen eine schlammige Masse, dabei wird dem Teichwasser viel Sauerstoff entzogen. Gleichzeitig werden Nährstoffe freigesetzt, die das Wachstum der Algen fördern. Es ist deshalb nötig, den Gartenteich alle zwei bis drei Jahre von schlammigen Ablagerungen zu befreien.
Problemlos und unaufwendig erledigen diese Arbeit im Fachhandel erhältliche Schlammabsauger. Grober Schmutz wird abgesaugt und in einem Behälter zurückgehalten. Das gereinigte Wasser fließt zurück in den Teich.

Schädlinge im Gartenteich

Teichpflanzen werden nur selten von Schädlingen befallen, wenn sie am richtigen Standort gepflanzt wurden.
Der *Seerosenzünsler* ist ein Wasserschmetterling, der allerdings als Teichgast nicht willkommen ist. Denn seine gefräßigen Raupen richten zuweilen einigen Schaden an den Seerosen an. Sie trennen schildförmige Stücke von den Schwimmblättern ab und bauen sich daraus einen Köcher, in dem sie bis zur Verpuppung leben. Wenn diese „Mitesser“ überhand nehmen, sammelt man die Köcher einfach ab oder entfernt die angefressenen Blätter. Keinesfalls darf ein giftiges Schädlingsbekämpfungsmittel verwendet werden!
Der *Seerosenblattkäfer* lebt am Ufer auf verschiedenen Teichpflanzen, legt seine Eier aber nur auf Seerosenblättern ab, und die Larven fressen Gänge in die Blätter. Der Käfer tritt vor allem in größeren Seerosenbeständen auf, verursacht jedoch nur selten Schäden. Im Gartenteich kann man den Käfer und seine Larven einfach absammeln.

links: Die in Gartenteichen vorkommenden Grünalgen können sehr lästig werden.
rechts: Die Larven des Seerosenblattkäfers zerstören durch Lochfraß das obere Zellgewebe der Blätter.

Balkon und Terrasse

Pflanzenparadies auf kleinstem Raum

Mit Pflanzen in Kästen, Kübeln und Töpfen lässt sich selbst auf kleinstem Raum eine blühende und grünende Oase schaffen. In leuchtenden Farben und unterschiedlichsten Formen verschönern sie Balkone und Terrassen und kommen in passenden Gefäßen besonders gut zur Geltung. Die Zeiten, in denen nur Geranien und Petunien die Balkonkästen zierten, sind lange vorbei. Heute steht eine Riesenauswahl an Pflanzen und Gefäßen zur Verfügung, um die Sehnsucht nach einem Stück Natur oder den Traum vom Süden rund ums Haus Wirklichkeit werden zu lassen – und das zu allen Jahreszeiten.

Balkonblumen, Kübelpflanzen, Zwiebelblumen und Gartenstauden – die Palette der Pflanzen, die man in Gefäßen kultiviert, wird ständig breiter. Die meisten kommen aus wärmeren Ländern. Doch mit der wachsenden Begeisterung fürs Hobbygärtnern auf Balkon und Terrasse finden sich dort zunehmend auch winterharte Pflanzen aus kühleren Regionen ein. Grundsätzlich eignen sich alle Pflanzen, die nicht zu stark wachsen und eher flach wurzeln für die Gefäßkultur. Der große Vorteil dabei ist, dass sich der „mobile Garten" jederzeit und ohne großen Aufwand umgestalten lässt.

Eine Sinfonie in Blau: Lobelien, Vanilleblume und Leberbalsam

Blühwunder Balkonblumen

Mit farbenprächtigen Blumen für Kästen, Töpfe und Schalen verwandeln sich die Jahreszeiten in eine Naturkulisse, die man direkt vor Ort genießen kann. Balkonpflanzen kommen aus aller Welt und entstammen den unterschiedlichsten Familien. Die Wuchsformen und Vegetationsrhythmen können daher stark voneinander abweichen. Es ist wichtig, sich darüber zu informieren, damit man für den Standort auf Balkon und/oder Terrasse die jeweils geeigneten Pflanzen auswählt und miteinander kombiniert. Klassische Dauerblüher sind Pelargonien, Petunien, Begonien, Fuchsien, Fleißige Lieschen, Margeriten und Pantoffelblumen. Durch reiche Blüte und Robustheit zeichnen sich auch „neue" Balkonblumen, wie Fächerblume, Kapkörbchen, Blaue Mauritius, Elfensporn und Vanilleblume aus. Zunehmender Beliebtheit erfreut sich die Gefäßkultur von Gartenpflanzen. Mit ihnen erhält man zwar keine sommerwährende Blütenpracht, doch wird der Balkon zum Naturerlebnis, wenn einjährige Blumen, aber auch mehrjährige Stauden und Zwiebelblumen während der Jahreszeiten ihren vollen Reiz im Werden und Vergehen entfalten.

Kübelpflanzen – Kinder des Südens

Sonne, Strand, Meer und exotische Blütenträume – mit dem Begriff Kübelpflanzen verbinden wir spontan Pflanzen, die im „Süden" wachsen, herrlich blühen und in der Regel keinen Frost vertragen. Deshalb müssen sie in unseren Breiten in Kübeln gehalten werden. Da sie aber auch keine Zimmerpflanzen sind, gilt als Faustregel: Kübelpflanzen sind ausdauernde Gewächse, die den Sommer im Freien und den Winter in einem frostfreien, gut belüfteten Quartier verbringen. Viele der

Die Kombination aus Hornveilchen, Hornkraut und Efeu kommt in dem schönen Terrakotta-Gefäß wunderschön zur Geltung.

beliebten Kübelpflanzen, wie Oleander, Bougainvillee oder Akazie, kennen wir aus unserem Urlaub im Mittelmeerraum, da liegt es nahe, ihre Heimat auch dort zu vermuten. Die Herkunftsländer vieler Kübelpflanzen liegen jedoch überwiegend in den Subtropen, und im Laufe der Zeit gesellten sich zu den Sonnenkindern aus dem mediterranen Raum immer mehr exotische Gewächse aus den Tropen und Subtropen hinzu. Deshalb ist das Angebot an Kübelpflanzen heute so groß und vielfältig wie nie. Denn auch beliebte Gartenstauden und klein bleibende Gehölze in großen Gefäßen haben mittlerweile Einzug auf Balkon und Terrasse gehalten.

Die schönsten Balkonblumen

deutscher Name	botanischer Name	Blüte	Standort
Geranien	*Pelargonium-Hybriden*	rot, rosa, lachs, violett; Mai bis Oktober	sonnig bis halbschattig
Petunien	*Petunia-Hybriden*	gelb, weiß, rot, violett, blau; Mai bis Oktober	sonnig bis halbschattig; windgeschützt
Männertreu	*Lobelia erinus*	dunkelblau, weiß; Mai bis Oktober	sonnig, halbschattig, schattig
Knollen-Begonien	*Begonia-Tuberhybriden*	gelb, orange, rosa, lachs; April bis Oktober	halbschattig bis schattig; windgeschützt
Australisches Gänseblümchen	*Brachyscome iberidifolia*	weiß, rosa, blau, violett; Juli bis September	vollsonnig
Kapkörbchen	*Osteospermum ecklonis*	gelb; Juli bis September	vollsonnig; regengeschützt
Fächerblume	*Scaevola saligna*	blauviolett; April bis Oktober	sonnig bis halbschattig
Fuchsie	*Fuchsia-Hybriden*	rosa, pink, violett, auch zweifarbig; Mai bis Oktober	halbschattig bis schattig; luftig
Fleißiges Lieschen	*Impatiens-Hybriden*	weiß, rosa, rot; Mai bis Oktober	halbschattig bis schattig
Vanilleblume	*Heliotropium arborescens*	blau, violett, weiß; Mai bis Oktober	sonnig bis halbschattig; regengeschützt
Husarenknopf	*Sanvitalia procumbens*	gelb; Mai bis Oktober	sonnig bis halbschattig
Elfenspiegel	*Nemesia-Hybriden*	weiß, gelb, orange, rot, blau; Juni bis September	sonnig bis halbschattig; windgeschützt
Blaue Mauritius	*Convolvulus sabatius*	hellblau bis violett; Mai bis Oktober	sonnig
Kapaster	*Felicia amelloides*	hell- bis lavendelblau; Juni bis September	sonnig
Mittagsblume	*Mesembryanthemum criniflorum*	weiß, gelb, orange, rosa, rot, violett; Juli bis September	sonnig; regengeschützt
Traubenhyazinthe	*Muscari*	blau, weiß; März bis Mai	sonnig bis halbschattig; vor Spätfrösten geschützt
Primeln	*Primula*	in allen Farben und Farbvarianten; März bis Mai	halbschattig
Schwarzäugige Susanne	*Thunbergia alata*	goldgelb bis orange; Juni bis Oktober	sonnig; warm und windgeschützt
Kapuzinerkresse	*Tropaeolum-Hybriden*	gelb, orange, rot; Juni bis Oktober	sonnig
Blauglöckchen	*Scilla siberica*	blau; März/April	sonnig bis halbschattig
Zinnie	*Zinnia elegans*	weiß, gelb, lachs, rot; Juli bis Oktober	sonnig; windgeschützt

Die schönsten blühenden Kübelpflanzen

deutscher Name	botanischer Name	Blüte	Standort
Schönmalve	*Abutilon*	rot, orange, gelb; ganzjährig bei hellem Stand	hell; wind- und regengeschützt
Schmucklilie	*Agapanthus-* Hybriden	weiß, blau, blauviolett; Juli bis September	vollsonnig
Kapmalve	*Anisodontea capensis*	dunkelrosa; Juni bis September	sonnig
Bougainvillee	*Bougainvillea-* Hybriden	lila, weiß, gelb orange, rot; Mai bis Oktober	vollsonnig; windgeschützt
Zylinderputzer	*Callistemon citrinus*	rot; Juni bis August	hell bis vollsonnig
Engelstrompete	*Brugmansia*	weiß, gelb; Mai bis Oktober	sonnig
Bartblume	*Caryopteris x clandonensis*	blau; Juli bis September	sonnig; windgeschützt
Hammerstrauch	*Cestrum*	rosa, rot, gelb; April bis Oktober	sonnig
Strauchmargerite	*Chrysanthemum frutescens*	weiß, gelb, rosa; April bis Oktober	hell bis sonnig
Waldrebe	*Clematis-* Hybriden	blau, blauviolett; April bis September	hell bis halbschattig
Ginster	*Cytisus*	gelb; Mai bis Juli	sonnig
Korallenstrauch	*Erythrina crista-galli*	leuchtend rot; Juli bis Oktober	vollsonnig; heiß
Fuchsie	*Fuchsia-* Hybriden	rosa, pink, violett, auch zweifarbig; Juni bis Oktober	hell bis halbschattig; windgeschützt
Chinesischer Roseneibisch	*Hibiscus rosa-sinensis*	weiß, gelb, orange, rosa, rot; März bis Oktober	sonnig; wind- und regengeschützt
Hortensie	*Hydrangea macrophylla*	weiß, rosa, rot, blau; März bis Juli	halbschattig
Kreppmyrte	*Lagerstroemia indica*	weiß, rosa, rot, violett; August bis Oktober	sonnig; windgeschützt
Wandelröschen	*Lantana-camara-* Hybriden	orange, gelb, karminrot, rosa, violett; April bis Oktober	sonnig
Echter Lavendel	*Lavandula angustifolia*	blauviolett; Juni bis September	sonnig
Löwenohr	*Leonotis leonurus*	orange; August bis Dezember	vollsonnig; windgeschützt
Oleander	*Nerium oleander*	weiß, gelb rosa, lachs, rot; Juni bis Oktober	sonnig; heiß, regengeschützt
Passionsblume	*Passiflora*	violett-blauweiß, weiß-purpurn; Juni bis September	sonnig

Mein Tipp

Steht auf Balkon oder Terrasse nur wenig Platz zur Verfügung, sollte man Pflanzen auswählen, die einen Rückschnitt vertragen oder nicht zu groß wachsen.

Frühlingsgrüße auf dem Balkon: Stiefmütterchen, Ranunkel und Gänsekresse

Balkonblumen kaufen

Was ein richtiger „Balkongärtner" ist, den treibt die Vorfreude auf künftige Blumenpracht auf seinem Balkon in Gärtnereien, Gartencenter, Baumschulen und auf Wochenmärkte. Balkonblumen sind als blühende Pflanzen oder als noch nicht blühende Jungpflanzen erhältlich. Blühende Pflanzen sind zwar teurer als Jungpflanzen oder Samen, haben aber den Vorteil, sich schnell und ohne aufwändige Vorbereitung pflanzen zu lassen. Angebot und Vielfalt an Balkonblumen machen es möglich, dass man sich rund ums Jahr an blühendem Balkonschmuck erfreuen kann und für die Bepflanzung und Gestaltung seines Balkons nicht die Fantasie bemühen muss, sondern gleich beim Kauf die Blumen nach Farbe und Form kombinieren kann. Doch sollte man keinesfalls in einen Kaufrausch verfallen, sondern immer bedenken, dass jede neue Pflanze ausreichend Platz, ein passendes Behältnis, das richtige Substrat und natürlich sorgfältige Pflege braucht. Vor allem aber müssen bei der Pflanzenauswahl der künftige Standort und die eigenen Vorstellungen zur Gestaltung berücksichtigt werden.
Frühjahrsblüher sind blühend ab Dezember, Sommerblumen ab April und Herbstblumen im Sommer im Handel.

Auf den Standort kommt es an

Vor dem Kauf sollte man sich den Balkon ganz genau anschauen, denn das Gedeihen der Pflanzen hängt nicht nur von der Pflege, sondern maßgeblich von ihrem künftigen Standort, also den Einflüssen von Licht, Temperatur, Wind und Regen ab (siehe Tabelle Seite 102/103). Von Pflanze zu Pflanze sind die Ansprüche an den Standort verschieden: So kümmern Geranien bereits, wenn sie Regen abbekommen; Fuchsien vertragen

keine grelle Sonne auf der Südseite; Petunien reagieren empfindlich auf Wind. Deshalb muss man sich über die Standortansprüche der jeweiligen Balkonblumen genau informieren und vorab klären, ob diese auf dem eigenen Balkon gewährleistet sind:
In welcher Himmelsrichtung liegt der Balkon?
Ist er vor Wind und Regen geschützt?
Wie sind die Lichtverhältnisse?
Wie viel Platz haben die Pflanzen?
Auf einem Südbalkon ist es den ganzen Tag über sonnig. Im Sommer wird es dort jedoch auch meist sehr heiß, und empfindliche Blumen können dann verbrennen. Eine Überdachung (zum Beispiel Markise) kann hier für Schatten sorgen. In jedem Fall muss reichlich und regelmäßig gegossen werden. Optimal für Pflanzen, die einen sonnigen Standort lieben, sind Südost- und Südwestlagen. Auf dem Nordbalkon herrscht ständig Schatten; direkte Sonneneinstrahlung, die Regen und Gießwasser abtrocknen lässt, gibt es dort nie. Deshalb hält sich die Feuchtigkeit im Substrat deutlich länger. Üppige Blütenfülle ist hier kaum zu erwarten, denn nur wenige Balkonblumen gedeihen an diesem Standort. Ost- und Westbalkon weisen ähnliche Lichtverhältnisse auf, beide sind nicht der heißen Mittagssonne ausgesetzt. Den Ostbalkon erreicht die milde Vormittagssonne, der Westbalkon kommt in den Genuss der angenehmen Nachmittags- und Abendsonne, ist allerdings als Wetterseite häufig ungeschützt Wind und Regen ausgeliefert. Ein geeigneter Windschutz sowie eine Überdachung können hier Abhilfe schaffen.

Die Pflanzgefäße

In einem zu ihr und der Umgebung passenden Gefäß gewinnt jede Balkonblume. Im Fachhandel findet man eine große Auswahl an Kästen, Töpfen, Schalen, Blumenampeln und -körben in unterschiedlichen Materialien und Preislagen. Grundsätzlich sollte jedes Pflanzgefäß ausreichend Platz für das Substrat und die Wurzelbildung bieten. Bei zu kleinen Gefäßen besteht die Gefahr, dass die Pflanzen vertrocknen, weil zu wenig feuchtigkeitsspeicherndes Substrat vorhanden ist. Abzugslöcher verhindern, dass sich bei Regen und kräftigem Wässern Staunässe bildet und die Wurzeln verfaulen.
Holzkästen sind nicht allzu schwer und froststeständig. Sie sind allerdings teuer, je nach Holzart anfällig für Feuchtigkeit und dementsprechend pflegeintensiv.
Kunststoff-Gefäße sind leicht, witterungsbeständig, preiswert und stehen heute auch in durchaus attraktiven Formen zur Auswahl (Terrakotta-Imitationen).
In Terrakotta-Gefäßen sehen Balkon- und Terrassenpflanzen am schönsten aus, da sie unmittelbar südliches Flair vermitteln. Es gibt sie rund und eckig, schlicht rustikal oder reich mit Ornamenten verziert. Ihre porösen Wände lassen die Wurzeln der Pflanzen gut atmen. Terrakotta-Gefäße besitzen jedoch ein beträchtliches Eigengewicht, sind nicht bruchfest, häufig auch nicht frostfest und nicht zuletzt teuer.

In Terrakotta-Gefäßen kommen Balkon- und Terassenpflanzen am schönsten zur Geltung.

Nach dem Ausräumen muss jedes Pflanzgefäß gründlich unter fließendem Wasser und mit einer Bürste gereinigt werden. Kalkausblühungen bei Terrakotta-Gefäßen hingegen verleihen ihnen erst die begehrte Patina.

Balkonblumen pflanzen und pflegen

Die Pflanzzeit beginnt Ende Februar und dauert bis Ende Mai. Zur Pflanzung sollten nach Möglichkeit nur Behältnisse mit Abzugslöchern verwendet werden. In Gefäßen ohne Abzugslöcher muss die Drainageschicht 2- bis 3-mal höher sein als sonst. Bei Plastikgefäßen lassen sich Abzugslöcher leicht nachbohren. Vor der Bepflanzung werden alle Gefäße gesäubert. Bereits benutzte Gefäße reinigt man gründlich mit heißem Schmierseifenwasser und einer Wurzelbürste. Algen und Kalkausblühungen können gut mit einer Essig-Salzwasser-Lösung (2 l Essig auf 1 l Wasser und eine Hand voll grobes Küchensalz) entfernt werden. Neue Ton- und Terrakotta-Töpfe sollte man zwei Tage vor dem Bepflanzen vollständig in Wasser legen, damit sie sich mit Feuchtigkeit voll saugen können und diese später nicht dem Substrat entziehen. Damit unter den Pflanzgefäßen die Luft zirkulieren kann, setzt man sie auf Ziegelsteine oder Holzblöcke.

Ein kleiner Balkongarten mit Kapuzinerkresse, Mädchenauge Clematis und Kapaster

Substrat und Einpflanzen

Entscheidend für das Gedeihen der Balkonblumen ist ein gutes Substrat. Es muss den individuellen Ansprüchen der Pflanze genügen und darüber hinaus folgende Kriterien erfüllen:

- den Pflanzen festen Halt geben,
- sie mit den wichtigsten Nährstoffen und Spurenelementen versorgen,
- Wasser und Nährstoffe speichern und sie nach Bedarf an die Pflanzen abgeben,
- luftdurchlässig und locker bleiben,
- frei von Unkrautsamen, Schädlingen und Krankheitserregern sein.

Einheitserde mit 30 % Tonanteil eignet sich bestens für Balkonpflanzen und wird von vielen Gärtnern verwendet. Sie ist teurer als andere Pflanzerden, hält aber wegen des Tonanteils die Nährstoffe gut und gewährleistet eine ausgewogene Wasserversorgung der Pflanzen. Einheitserde enthält außerdem reichlich Nährstoffe, sodass im Unterschied zu anderen Handelserden keine Grunddüngung nötig ist.

Zunächst deckt man die Abzugslöcher locker mit Tonscherben ab. Dann füllt man eine 2 cm hohe Drainageschicht (Blähton, Splitt, Kies) ein, deckt sie mit einem Vlies ab und befüllt das Pflanzgefäß zu zwei Dritteln mit der Pflanzerde. Die Blumen sollten ein paar Stunden vor dem Einpflanzen gegossen werden, denn ihre Ballen dürfen nicht trocken sein. Zum Austopfen fasst man den Wurzelhals zwischen Ring- und Mittelfinger und dreht mit der anderen Hand vorsichtig den Plastiktopf, bis sich der Wurzelballen löst. Die Pflanzen werden so eingesetzt, dass der Wurzelhals nicht tiefer in die Erde kommt, als er im Anzuchttopf war. Dann wird mit Erde aufgefüllt und diese leicht angedrückt.

Richtig gießen

Wie viel und wie oft Balkonblumen gegossen werden müssen, hängt von den artspezifischen Bedürfnissen, vom Pflanzgefäß, dem Standort und von der Witterung ab. Grundsätzlich verkraften alle Pflanzen eine längere Trockenheit besser als Staunässe. Das Gießwasser sollte von der Sonne angewärmt und nicht zu hart sein (nicht über 20 °dH). Optimal (und kostengünstig) ist aufgefangenes Regenwasser, vor allem für kalkempfindliche Pflanzen.

Balkonblumen werden in der Regel von oben gegossen – so sickern Wasser und Nährstoffe (Dünger) allmählich nach unten und versorgen die feinen Wurzeln. Ampelpflanzen, die an heißen Tagen in ihren Einzeltöpfen völlig austrocknen, gönnt man ein Tauchbad. Steigen keine Luftbläschen mehr auf, hat sich der Wurzelballen voll gesogen, und die schlapp gewordenen Pflanzen richten sich rasch wieder auf.

Häufiger gegossen werden muss:

- während der Hauptvegetationszeit im Sommer,
- an vollsonnigen Standorten,
- bei großer Hitze und Trockenheit (manchmal zweimal täglich),
- bei Pflanzen in Ton- und Terrakotta-Gefäßen.

Weniger gießen muss man:

- zu Beginn und zum Ende der Vegetationszeit im Frühjahr und Herbst,
- an schattigen, windgeschützten Standorten,
- bei kühler, feuchter Witterung,
- bei Pflanzen in Kunststoffgefäßen,
- während der Überwinterung.

Nicht jeder hat einen freundlichen Nachbarn, der während des Urlaubs das Gießen der Balkonpflanzen übernimmt. Bei kurzfristiger Abwesenheit sind Balkonkästen mit eingebautem Wasserspeicher eine sinnvolle Lösung. Ein längerer Urlaub lässt sich mit einer vollautomatischen Langzeitbewässerung, die direkt an die Außenwasserleitung angeschlossen wird, ohne fremde Hilfe überbrücken. Der Fachhandel bietet eine Vielzahl von unterschiedlichen Bewässerungssystemen an. Am besten, man lässt sich beraten und startet vor dem Urlaub einen Probelauf.

Mein Tipp

Hartes Wasser lässt sich mit einem mit Torf gefüllten Stoffbeutel, der einige Stunden in einen mit Gießwasser gefüllten Eimer gehängt wird, enthärten.

Auch einzelne Pflanzen im Topf (hier mit Polster-Glockenblume) lassen sich dekorativ an der Terrasse platzieren.

Ein bunter Sommertraum mit Petunien, Begonien und Fuchsien

Düngen nach Maß

Bei Pflanzen, die in Gefäßen mit begrenztem Erdraum kultiviert werden, kommt es auf die regelmäßige Versorgung mit Nährstoffen an. Denn die im Substrat enthaltenen Nährstoffe sind rasch verbraucht und müssen durch ausgewogenes Düngen ersetzt werden. Die Hauptnährstoffe, die jede Pflanze zum Wachsen und Blühen benötigt, sind Stickstoff (für die Blattbildung), Phosphor (für Blüten- und Fruchtbildung), Kalium, Kalzium und Magnesium (für stabilen Pflanzenaufbau). Zu den erforderlichen Spurenelementen gehören Eisen, Kupfer, Mangan, Molybdän, Zink und Bor.

Volldünger enthalten alle wichtigen Nährstoffe und Spurenelemente. Mineralische Volldünger enthalten die Pflanzennährstoffe als Salze, die sich in Wasser rasch auflösen und dann als Ionen von den Pflanzen direkt aufgenommen werden. Sie sind in höherer Konzentration allerdings aggressiv und können insbesondere trockene Wurzeln „verbrennen“. Organische Volldünger (Horn-, Blut- und Knochenmehl, Hornspäne) müssen erst durch Mikroorganismen im Boden aufgeschlossen werden. Dieser Prozess läuft in Gefäßkultur langsamer ab als im Boden. Die Düngewirkung setzt deshalb deutlich verzögert ein, fördert jedoch die Bodenflora und empfiehlt sich vor allem für Dauerbepflanzungen.

Für die regelmäßige Anwendung und die leichte Dosierung eignen sich Flüssigdünger, die man zum Gießwasser gibt. Praktisch sind dem Substrat beigemischte Langzeit- oder Depotdünger, die Nährstoffe über einen Zeitraum von 10 bis 12 Wochen an die Pflanzen abgeben.

Mit dem regelmäßigen Düngen sollte man 3 bis 4 Wochen nach dem Pflanzen beginnen; wurde der Pflanzerde ein Langzeitdünger beigemischt, erst nach 10 Wochen. Trockenes Substrat muss vor dem Düngen gegossen werden, die Wurzeln sollten immer feucht sein. Es ist besser, öfter und niedrig dosiert zu düngen als selten und in hoher Dosierung. Pflanzen, die überwintert werden sollen, darf man ab August nicht mehr düngen, damit ihre Triebe bis zum Einräumen im Herbst ausreifen können.

Schneiden, entspitzen, ausputzen

Schnitt hält auch die Balkonblumen in Form. Generell können störende Triebe jederzeit abgeschnitten werden. Darüber hinaus ist bei Schnittmaßnahmen eher Zurückhaltung geboten, da an den äußeren Trieben der Blumen auch die Blütenknospen sitzen. Deshalb führt der richtige Schnitt immer von der Knospe weg. Einige Balkonblumen, wie Elfensporn und Zweizahn, regt man

durch einen kräftigen Rückschnitt zu einer zweiten Blüte an. Sie lässt zwar 3 bis 4 Wochen auf sich warten, fällt dann aber umso üppiger aus.
Durch ein- bis zweimaliges Entspitzen erreicht man bei jungen Pflanzen eine bessere Verzweigung der Triebe und ein buschiges Wachstum. Dabei wird der Haupttrieb von Hand (Daumen und Zeigefinger, siehe Zeichnung unten) oder mit einem sauberen, scharfen Messer abgetrennt, sobald er die gewünschte Höhe erreicht hat. Um die weitere Bildung von Seitentrieben zu fördern, werden dann immer wieder Triebspitzen abgeknipst. Das regelmäßige, am besten tägliche Ausputzen von verwelkten Blüten und vergilbten Blättern dient nicht nur der Attraktivität der Blumen. Arten wie Fuchsie, Wandelröschen und Margerite bilden nach der Blüte Samen, und das kostet die Pflanzen Kraft. Entfernt man die abgeblühten Triebe, verhindert man die Samenbildung und regt die Pflanze zum Weiterblühen an. Bei manchen Arten kann man sich diese Arbeit ersparen: Fächerblume und Schneeflockenblume zum Beispiel werfen Verblühtes von selbst ab.

Durch regelmäßiges Ausputzen werden die Pflanzen zum Weiterblühen angeregt.

Umtopfen

Umtopfen bzw. eine Substraterneuerung kommt bei älteren Pflanzen in Frage, wenn:

- eine Pflanze ihr Gefäß völlig durchwurzelt hat,
- das Substrat so verkrustet ist, dass es das Gießwasser nicht mehr richtig aufnimmt,
- sich bei der Pflanze deutliche Mangelerscheinungen zeigen.

Das neue Substrat spendet der Pflanze neue Nährstoffe und gibt ihr Halt. Das neue Gefäß muss bei kleinen Pflanzen rundum 2 cm größer, bei großen Pflanzen 5 bis 10 cm größer sein als der Ballen.

Kübelpflanzen auswählen

Die Anschaffung von Kübelpflanzen kann eine kostspielige Angelegenheit werden, besonders wenn es sich dabei um größere und seltenere bzw. exotische Gewächse handelt. Damit sich der Blütentraum auf Balkon und Terrasse nicht zum Albtraum entwickelt, müssen vor dem Kauf Standortansprüche, die zu erwartende Größe, das Gewicht, der Pflegeaufwand und die Möglichkeiten der Unterbringung in der kalten Jahreszeit genau abgeklärt werden. Kübelpflanzen sind in unterschiedlichen Regionen beheimatet, dementsprechend weichen ihre Ansprüche und Bedürfnisse voneinander ab. Deshalb muss man die Bedingungen kennen, welche die Kübelpflanzen von ihrem Heimatstandort her gewohnt sind. Daraus ergeben sich die artspezifischen Vegetationsrhythmen sowie die Anforderungen an Licht, Wasser und Nährstoffe. Bei der Überwinterung spielt die Herkunft und die damit verbundene Kälteempfindlichkeit der Pflanzen eine entscheidende Rolle. Darum ist es wichtig zu klären, ob man ein frostfreies Winterquartier zur Verfügung stellen muss bzw. kann. Wenn Pflege und Überwinterung die charakteristischen Bedürfnisse der Pflanzengäste erfüllen, gedeihen sie auch prachtvoll auf Balkon und Terrasse und verwöhnen den Hobbygärtner Jahr für Jahr mit neuem Blütenschmuck.

Kübelpflanzen kaufen

Kübelpflanzen sollte man möglichst in einem guten Fachbetrieb kaufen. In Gartencentern, Gärtnereien und Baumschulen findet man hierzu ein großes Sortiment und auch die entsprechende Fachberatung. Für den „Kübelpflanzen-Anfänger“ empfehlen sich

Üppige Blütenpracht und -vielfalt lassen sich auf dieser kleinen „Seeterrasse“ genießen.

ältere Fertigpflanzen statt Jungpflanzen (meist Stecklinge oder Sämlinge der Saison oder des Vorjahres). Sie sind zwar teurer, blühen und wachsen aber schneller, auch der Pflegeaufwand fällt geringer aus. Beim Kauf schaut man sich die Pflanzen genau an, sie sollten folgende Bedingungen erfüllen:

- Stamm und Äste sind gut verholzt und bilden eine schöne Wuchsform.
- Das Substrat im Topf besteht aus guter, etwas lockerer, leicht feuchter und unkrautfreier Blumenerde.
- Der Erdballen ist gut durchwurzelt. Die Wurzeln sind hell (schwarze sind bereits abgestorben) und liegen im, nicht unter dem Topf.
- Der Laubaustrieb ist kräftig (mit sattgrünen Blättern). Die Blätter weisen keine Schäden oder Schädlinge auf (auch die Blattunterseite genau anschauen).

Der Transport von Kübelpflanzen ist nicht ganz einfach und oft mit Blessuren für die Pflanzen verbunden. Dies lässt sich mit einer fachgerechten Verpackung vermeiden. Kleinere Pflanzen stellt man wegen der Standfestigkeit in ein Behältnis (Karton oder Kiste). Größere Pflanzen werden je nach Ausmaß stehend oder liegend transportiert. Damit keine Zweige abbrechen, wird die Pflanze mit einem Plastiksack umhüllt, man kann auch die Zweige vorsichtig zusammenbinden. Beim liegenden Transport steckt man den Topf in einen Plastiksack und bindet diesen zu.

Rechtliche Fragen

Mit der Bepflanzung von Balkonen sind auch einige Rechtsfragen verbunden. Bei einer Mietwohnung oder Eigentumswohnung in einer Wohnanlage kann der Mieter (oder Eigentümer) den zugehörigen Balkon grundsätzlich frei nach seinen Vorstellungen und Bedürfnissen nutzen und gestalten, sofern dadurch nicht die Rechte bzw. Bedürfnisse des Hauseigentümers und/oder der Nachbarn beeinträchtigt werden. Unabhängig von Mietverträgen oder speziellen Regeln in einer Eigentümergemeinschaft gilt grundsätzlich:

- Balkonkästen und andere Pflanzgefäße dürfen aus Sicherheitsgründen (außer im Erdgeschoss) nicht nach außen hängend angebracht werden.
- Die Bepflanzung darf die Fassade der Wohnanlage nicht verunstalten bzw. schädigen.
- Der Balkon einer Eigentumswohnung gehört in der Regel zum Gemeinschaftseigentum, seine Gestaltung und somit auch die Bepflanzung unterliegt der jeweiligen Gemeinschaftsordnung.
- Sollen besonders viele oder schwere Pflanzgefäße aufgestellt werden, muss die Tragfähigkeit und Statik des Balkons genau geprüft werden.
- Sind im Rahmen der Bepflanzung bauliche Veränderungen vorgesehen (zum Beispiel Rankgitter), so muss dies schriftlich mit dem Vermieter bzw. der Eigentümergemeinschaft abgeklärt werden.
- Das Gießen der Pflanzen muss so erfolgen, dass benachbarte Balkone, die Hausfassade oder Passanten nicht durch Gießwasser beeinträchtigt bzw. geschädigt werden.
- Es ist immer darauf zu achten, dass keine Pflanzenabfälle, die bei der Pflege anfallen, auf benachbarte Balkone oder das Gemeinschaftseigentum fallen.

Mein Tipp

Zum Eingewöhnen vor Ort stellt man die neuen Kübelpflanzen immer erst an einem leicht beschatteten und windgeschützten Platz im Freien auf.

Kübelpflanzen pflegen

Auf jeder Düngerpackung oder -flasche sollte das prozentuale Verhältnis der drei Hauptbestandteile Stickstoff, Phosphor und Kalium immer in der gleichen Reihenfolge (N-P-K-Formel) stehen. Wenn man die Wirkung der einzelnen Nährstoffe kennt, kann man auch gezielter düngen.

Auch Kübelpflanzen gießt man in der Regel von oben, und zwar immer direkt auf das Substrat (nicht auf Stamm und Laub), um bei Düngerlösungen eine gleichmäßige Verteilung der Nährstoffe zu erreichen. Ist der Wurzelballen ausgetrocknet, hilft ein Tauchbad. Eine sanfte „Dusche“ mit einem weichen Strahl oder im warmen Sommerregen reinigt die Blätter. Die wichtigsten Gießregeln:

- Großlaubige Pflanzen haben eine größere Verdunstungsfläche und brauchen deshalb mehr Wasser.
- Stets abgestandenes, handwarmes Wasser verwenden.
- Standortbedingungen berücksichtigen, an einem schattigen Platz hält der Wasservorrat länger.
- Beim Gießen keine Gießlöcher verursachen; Brause oder Gießkanne nicht zu hoch halten.
- Pflanzen im Hintergrund lassen sich mit einem Gießstab mit langem Rohr leichter erreichen.
- Gleichmäßig und nicht immer auf dieselbe Stelle gießen, damit das Substrat schneller durchfeuchtet wird.
- Nicht die Blätter und Blüten benetzen, es können sich unschöne Kalkflecken bilden.
- Nie bei praller Sonne gießen, Wassertropfen wirken eventuell wie ein Brennglas.

Kübelpflanzen düngen

Kübelpflanzen können auf unterschiedliche Weise mit den nötigen Nährstoffen versorgt werden. Eine Langzeit- bzw. Vorratsdüngung mit gleichmäßigem Nährstoffzufluss über 4 bis 5 Monate bekommt den Pflanzen sehr gut. Das Düngergranulat wird entweder beim Einpflanzen dem Substrat beigemischt oder leicht in den Topfballen eingearbeitet. Düngekegel drückt man leicht am Rand des Ballens ein. Die häufigste und einfachste Düngemethode ist die Kopfdüngung, wobei der Dünger mit dem Gießwasser ausgebracht wird. Bei der Blattdüngung sprüht man die Düngerlösung mit einem Sprühgerät direkt auf die Blätter der Pflanzen. Sie dient der Pflanzenstärkung in den ersten Wochen nach dem Austrieb, da der Pflanze die Nährstoffe über die Blätter schnell zur Verfügung stehen.

Die wichtigste Regeln und Tipps für eine ausgewogene Düngung sind:

- Nie bei trockenem Erdballen düngen, zuvor gießen.
- Düngerlösung zur gleichmäßigen Verteilung rund um den Ballen ausbringen.
- Frisch in aufgedüngtes Fertigsubstrat getopfte Pflanzen erst nach zwei Wochen düngen.
- Bei Langzeitdüngung Substrat gleichmäßig feucht halten, damit die Nährstoffe herausgelöst werden.
- Düngung spätestens Ende August einstellen. Im Winter nicht düngen!
- Besser einmal zu wenig als einmal zu viel düngen.

Mitte März, wenn das Wachstum der Pflanze angeregt werden soll, beginnt man mit einer stickstoffbetonten Konzentration. Ab Anfang Mai düngt man mit einer normalen Konzentration oder arbeitet Langzeitdünger ein. Den Sommer über wird zur besseren Blütenbildung einmal wöchentlich phosphorbetont gedüngt.

Kübelpflanzen überwintern

Das Ende der Freilandsaison für frostempfindliche Kübelpflanzen hängt von der Art der Pflanzen und von der Witterung ab. In manchen Jahren und Lagen wird es schon ab Oktober frostig, in anderen erst im Dezember. Der erfahrene Hobbygärtner beobachtet des-

halb das Klima, macht sich Notizen und kann sich mit den Jahren entsprechend darauf einstellen.
Mediterrane Kübelpflanzen wie Lorbeer, Ölbaum und Oleander halten ganz leichten Frost gut aus, sie härten sich in dieser Zeit ab. Erst strenger Dauerfrost, der die Erde in den Töpfen durchfrieren lässt, macht den Pflanzen zu schaffen. Tropische Kübelpflanzen (wie Hibiskus, Schönmalve oder Bougainvillee) müssen dagegen bereits eingeräumt werden, wenn die Nachttemperatur regelmäßig unter +8 bis 10 °C sinkt.
Die Wahl des richtigen Winterquartiers hängt von der Temperatur und den Lichtverhältnissen in den infrage kommenden Räumen ab. Für immergrüne Pflanzen ist Licht das Lebenselixier im Winter. Hierzulande ist die Lichtausbeute in der kalten Jahreszeit von Natur aus gering. Umso wichtiger ist es, den Pflanzen helle Plätze zu bieten, am besten vor großen Fenstern oder vor Terrassentüren. Ein warmer Platz ist nur dann von Vorteil, wenn die Pflanzen ganzjährig aktiv bleiben und weiterwachsen, das gilt insbesondere für tropischen Arten. Mediterrane oder subtropische Pflanzen brauchen ein nicht zu dunkles und vor allem kühles Winterlager, optimal sind helle Treppenhäuser oder kühle Wintergärten. Stehen sie zu warm, wachsen sie weiter und verbrauchen dabei mehr Energie, als sie aufbauen können.
Bei Kübelpflanzen, die in Kellerräumen überwintern, besteht die Gefahr, dass man sie vergisst. Obwohl ihr Wasserbedarf im Winter sehr gering ist, dürfen sie nicht austrocknen. Andererseits sollte man im Winter keinesfalls auf Vorrat gießen, richtig ist eine regelmäßige, aber sparsame Versorgung. Der Erdballen muss vor jeder Wassergabe gut abgetrocknet sein, damit die Wurzeln nicht ständig nass sind und verfaulen. Gedüngt wird im Winter auf keinen Fall, überwinternde Pflanzen brauchen während ihrer Ruhezeit bis März keine Nährstoffe.
Sauberkeit und Hygiene sind unverzichtbar, damit sich während der Winterruhe der Pflanzen keine Schädlinge einnisten oder Krankheiten entwickeln. Man entfernt regelmäßig herabgefallenes Laub und kontrolliert die Pflanzen wöchentlich auf Schädlinge. Bei Befall muss sofort behandelt werden.

Mein Tipp

Vor dem Einräumen sollte man die Pflanzen vor zuviel Regen schützen, damit sie nicht zu nass ins Winterquartier kommen.

Verwelkte oder braune Blätter entfernen.

Abgefallenes Laub regelmäßig beseitigen.

An frostfreien Tagen stundenweise lüften.

Bei Schädlingsbefall sofort sprühen.

Erste Hilfe für Balkonpflanzen

Falsche Standorte und Pflegefehler machen alle Pflanzen anfällig für Krankheiten und Schädlingsbefall. Ein optimaler Standort, eine auf die individuellen Ansprüche abgestimmte Pflege und eine angemessene Überwinterung sind ebenso wichtige Schritte zum Pflanzenschutz wie vorbeugende Maßnahmen:

- Pflanzen regelmäßig kontrollieren; kranke, verwelkte und verdorrte Pflanzenteile sowie Unkraut entfernen.
- Gebrauchte Pflanzgefäße vor der Neubepflanzung gründlich mit Schmierseife reinigen.
- Den ausgewählten Pflanzen schädlingsabweisende Nachbarn geben: Studentenblume, Ringelblume und Trichterwinde locken läusevertilgende Schwebfliegen an. Lavendel hält Ameisen und Läuse fern.
- Während der Wachstumszeit die Pflanzen regelmäßig mit Ackerschachtelhalm-, Brennnessel- oder Schafgarben-Brühe gießen. Das festigt das Gewebe und macht es widerstandsfähiger gegen Fraßinsekten.
- Zu dichten Stand, vor allem auf geschlossenen Balkonen vermeiden, damit die Luft zwischen den Pflanzen gut zirkulieren kann.
- Pflanzen, die Nässe und Wind schlecht vertragen, in feuchten und kühlen Sommern regen- und windgeschützt aufstellen.

Pflegefehler und ihre Ursachen

Symptome, die sich als krankhafte Veränderungen an den Pflanzen zeigen, sind recht häufig auf Pflegefehler zurückzuführen.

- Blühunwillige Pflanzen haben bei der Düngung meist zu viel Stickstoff und zu wenig Phosphor/Kalium erhalten. Aber auch ein zu

Ein Topfgarten in Pink: Pelargonien, Petunien, Bougainvillee und Kapaster

feuchter, sonnenarmer Standort kann dafür verantwortlich sein. **Abhilfe:** Dünger und Düngergabe prüfen; Standort wechseln.

- Gelbe Blätter signalisieren u. a. Licht- oder Stickstoffmangel und Übergießen. **Abhilfe:** Standort und Dünger sowie Pflanzgefäß auf Staunässe überprüfen.
- Bleichwerden der Blätter (*Chlorose*) zeigt einen Mangel an Spurenelementen (Eisen, Magnesium) an. **Abhilfe:** Nur mit weichem Wasser gießen; dem Gießwasser Eisenchelat beimischen; warmen Standort wählen.
- Rote oder graue Flecken auf den Blättern deuten auf Sonnenbrand hin, der auftritt, wenn Pflanzen nach dem Kauf oder der Überwinterung zu abrupt in die pralle Sonne gestellt werden. **Abhilfe:** Pflanzen grundsätzlich behutsam an einen sonnigen Stand im Freien gewöhnen und zunächst halbschattig aufstellen.
- Eingerollte Blätter: ausgetrockneter Ballen bei zu heißem Standort. **Abhilfe:** Standortwechsel und regelmäßige Wasserversorgung.

Krankheiten und Schädlinge bekämpfen

Man muss nicht immer gleich zur „chemischen Keule" greifen, sondern sollte zunächst biologische Alternativen ausprobieren:

- Brennnesselauszug gegen Läuse:
500 g frische Brennnesseln in 24 Stunden in 5 l Wasser ziehen lassen. Unverdünnt sprühen.
- Knoblauchsud gegen Pilzinfektionen und Spinnmilben: Eine Knoblauchzehe zerdrücken, mit 1 l kochendem Wasser überbrühen, abkühlen lassen und absieben. Unverdünnt spritzen.
- Wermutsud gegen beißende und saugende Insekten: 1 Teelöffel getrocknete Wermutblätter mit 1 l kochendem Wasser überbrühen, abkühlen lassen und absieben. Unverdünnt spritzen.

Die leuchtend blauen Blüten des Nachtschattens stehen in schönem Kontrast zur Unterpflanzung mit rotem Eisenkraut.

- Seifenlaugen (Abwaschungen) dringen in den Insektenkörper ein und verhindern die Atmung. Schadinsekten sterben rasch ab. Danach die Pflanze unbedingt mit klarem Wasser abwaschen!

Die chemische Bekämpfung sollte stets der letzte Ausweg sein, wenn biologische Maßnahmen nicht greifen oder sich ein Befall epidemieartig ausbreitet. Im Fachhandel sind Mittel zum Gießen, Spritzen, Stäuben oder in Form von Stäbchen, die man ins Substrat steckt, erhältlich. Vor der Anwendung sollte man sich aber unbedingt eingehend vom Fachmann beraten lassen.

- Insektizide wirken gegen beißende und saugende Insekten. Allerdings schaden sie auch Nützlingen!
- Akarizide töten Milben ab.
- Fungizide kommen bei Pilzbefall zum Einsatz.

Privatsphäre im Garten

Geborgenheit durch Sichtschutz

Wer den Alltag vergessen und seine Freizeit ungestört im Garten genießen möchte, wird sich vor neugierigen Blicken und Lärm von außerhalb schützen wollen. Eine dichte Hecke oder eine Mauer, die den Garten umgibt, schafft „Rückendeckung" und sorgt für ein Gefühl von Sicherheit. Auch innerhalb des Gartens lassen sich ruhige Winkel zum Ruhen und Lesen sowie lauschige Plätze für gesellige Runden durch einen attraktiven Sichtschutz voneinander abgrenzen. Die Möglichkeiten hierzu sind vielfältig und richten sich nicht zuletzt nach der Größe des Gartens. Eine lebende Wand aus dichten Zweigen ist eine schöne Möglichkeit, unerwünschte Einblicke wirkungsvoll abzuhalten. Kletterpflanzen, die sich an Holzspalieren emporranken, sorgen in kurzer Zeit für einen dekorativen Sichtschutz und nehmen dabei wenig Platz in Anspruch. Mauern lassen sich auf unterschiedliche Art und Weise gestalten und in das Gartenbild einbinden. Pergolen und Spaliere stellen architektonische Elemente dar, die Gartenbereiche optisch trennen. Als unbepflanzte Gerüste aus Holz oder Metall bilden sie einen Blickfang, mit Blättern und Blüten berankt erzielen sie die schönsten Effekte.

Ein verschwiegener „Laubensitz" im Garten

Grüne Wände schützen vor Blicken und Lärm

Hecken sind weit mehr als nur eine Umfriedung. Ob als Sichtschutz zum Nachbarn, als „grüner Vorhang" zum Kaschieren des Kompostplatzes oder als „Raumteiler" – sie lassen sich universell einsetzen und sind immer eine Zierde des Gartens. Immergrüne Hecken werfen ihre Blätter oder Nadeln im Winter nicht ab und gewähren das ganze Jahr hindurch Sicht-, Wind- und Lärmschutz. Sie können jedoch in der dunklen Jahreszeit Licht abhalten und düster wirken. Am Haus sollte man sich deshalb die Pflanzung einer immergrünen Hecke gut überlegen. Aus Gehölzen wie Eibe (*Taxus baccata*), Lebensbaum (*Thuja*-Arten), Scheinzypresse (*Chamaecyparis*-Arten), Liguster (*Ligustrum*-Arten) und Buchs (*Buxus sempervirens*) werden überwiegend streng formale Schnitthecken angelegt. Wacholder (*Juniperus*-Arten), Ranunkelstrauch (*Kerria japonica*), Pfaffenhütchen (*Euonymus*-Arten), Sanddorn (*Hippophae rhamnoides*) oder Stechpalme (*Ilex aquifolium*) lassen sich dagegen zu organisch wirkenden Trennelementen

ɡruppieren. Laub abwerfende Hecken verlie-
ren im Herbst ihr Laub oder ihre Nadeln. Im Sommer sind sie dicht, im Winter hingegen dringt das Licht nahezu ungehindert durch. Laubhecken, zum Beispiel mit Hainbuche oder Rot-Buche, lassen sich in Form geschnitten oder frei wachsend anlegen. Als Heckengehölze behalten Hainbuche und Rot-Buche ihr braunes Laub vom Herbst bis zum Neuaustrieb im Frühjahr. Sie sind also nie so richtig durchsichtig. Besonders attraktiv sehen sie aus, wenn man sie mit Sträuchern kombiniert, die zu verschiedenen Zeiten blühen. Wer Arten mit auffälligen Früchten wie Heckenrose (*Rosa canina*), Mahonie (*Mahonia aquifolium*), Weißdorn (*Crataegus*-Arten), Berberitze (*Berberis vulgaris*) oder Feuerdorn (*Pyracantha coccinea*) zwischenpflanzt, kann sich auch im Herbst und Winter an einem bunten Bild erfreuen.
Die Entscheidung für eine Schnitthecke oder für frei wachsende Sträucher hängt in erster Linie von der Gartengröße ab. In Form geschnittene Hecken muten wie grüne Paravents an, sie brauchen wenig Platz, aber viel Pflege. Frei wachsende Hecken werden nicht in Form gestutzt und wirken großzügiger. Sie machen weniger Arbeit, beanspruchen allerdings wesentlich mehr Raum.

Hecken pflanzen, schneiden, pflegen

Pflanzzeiten für Hecken sind April oder August. Da sie viele Jahre an ihrem Platz wachsen, ist eine sorgfältige Vorbereitung des Bodens notwendig. Ein oder zwei Wochen vor dem Pflanztermin wird ein 50 cm breiter und 40 cm tiefer Graben über die gesamte Länge der Hecke ausgehoben. Man entfernt alle Wildkräuter, mischt den Aushub mit reichlich Kompost und organischem Dünger und lässt ihn einige Zeit liegen. Die Sohle des Grabens wird mit einer Grabgabel gelockert. Damit die Hecke gerade und der Abstand eingehalten wird, spannt man von einem bis zum anderen Ende eine Pflanzschnur.
Diese Richtschnur ist auch beim Schnitt eine wertvolle Hilfe. Geschnitten wird etwa Mitte August oder im Frühjahr vor dem Austrieb. Heckenscheren müssen scharf sein; ob man sich für eine Handschere oder Elektroschere entscheidet, hängt von der Größe und Dichte der Hecke ab. Die Arbeit mit einer Handschere ist anstrengend, bei Elektroscheren sollte die Sicherheit im Vordergrund stehen. Empfehlenswert sind Geräte mit einem so genannten Schnellstopp. Wer das geschnittene Holz nicht im eigenen Kamin verheizen kann, für den empfiehlt sich ein Gehölzhäcksler, der das Schnittgut so zerkleinert, dass es sich gut als Mulchmaterial verwenden lässt. Man kann ihn in verschiedenen Ausführungen und Größen in Gartencentern oder Baumärkten kaufen, aber auch leihen.
Zwischen den dicht stehenden Gehölzen wachsen nicht viele Wildkräuter, meist muss nur ein- bis zweimal im Jahr gejätet werden. Im März arbeitet man vorsichtig Dünger in den Boden ein. Bei länger anhaltender Trockenheit muss auch gegossen werden.

Mein Tipp

Wer nur einen kleinen Reihenhausgarten hat, sollte ihn nicht mit einer Schnitthecke „einmauern“.
Hier bietet sich als Alternative ein leichter Zaun an, an dem sich Kletterpflanzen hochranken.

links: Hecke ohne Anlauf
Mitte: mit Anlauf
rechts: mit rundem Abschluss

Grünes Wohnzimmer am Gartenteich

Kletterpflanzen – Sichtschutz auf die Schnelle

Viele Gartenbesitzer kennen das Problem: An einigen Stellen der Grundstücksgrenze oder am Sitzplatz fehlt noch ein dekorativer Sichtschutz. Er sollte möglichst wenig Platz beanspruchen und noch im selben Jahr ungebetene Blicke abhalten. Hier sind Rankwände mit schnellwüchsigen Kletterpflanzen die ideale Lösung.

Einjährige Kletterpflanzen erreichen innerhalb einer Saison von der Aussaat Ende Februar bis zur Blüte im Sommer Höhen von über drei Metern. Durch besonders starken Wuchs und lange Blütezeit zeichnen sich Glockenrebe (*Cobaea*-Arten), Stern-Winde (*Ipomoea lobata*) und Maurandie (*Asarina*-Arten) aus. Bei einem Pflanzabstand von 30 bis 50 cm wachsen sie zu einem dichten Sichtschutz heran. Einjährige Kletterpflanzen bevorzugen einen sonnigen, windgeschützten Platz in nährstoffreicher Erde. Als großflächige Kletterhilfen eignen sich Drahtzäune oder Rankelemente aus Holz oder Metall. Sichtschutz rund ums Jahr bieten immergrüne Kletterpflanzen wie Efeu (*Hedera helix*), Geißblatt (*Lonicera henryi*) und Kletter-Spindelstrauch (*Euonymus fortunei*). Sie gedeihen auch gut im Halbschatten und Schatten. Geschnitten wird nur, um sie im Zaum zu halten oder um kahle Triebe auszulichten. Sommergrüne Kletterpflanzen wie Clematis (*Clematis*-Arten) und Kletterrosen bringen die schönste Blütenpracht hervor. Durch üppigen Blattschmuck im lichten Schatten bestechen Wilder Wein (*Parthenocissus*-Arten) und Pfeifenwinde (*Aristolochia macrophylla*). Beim Wilden Wein fasziniert vor allem die prachtvolle leuchtend gelb-rote Herbstfärbung. Die auffallend großen, herzförmigen Blätter der Pfeifenwinde oder der Kletter-Hortensie (*Hydrangea petiolaris*) bleiben bis zum Spätherbst haften.

Mobile Trennwände eignen sich optimal als Übergangslösung, wenn eine Sichtschutzhecke noch nicht hoch genug ist. Eine sehr dekorative Möglichkeit sind geräumige Pflanzkästen, in denen ein Spalier befestigt ist, an dem Kletterpflanzen hochranken.

Pergola – ein Zimmer im Grünen

Unter dem begrünten Dach einer Pergola lässt es sich nicht nur angenehm sitzen, eine Pergola dient insbesondere auch dem Sicht- und Windschutz. Hier bieten sich viele Gestaltungsmöglichkeiten mit verschiedenen Baumaterialien an.

Holz ist der am häufigsten verwendete Baustoff, man kann nach Belieben Rund- oder Kanthölzer aus Fichte, Kiefer, Tanne oder Lärche wählen. Damit die Pergola witterungsbeständig ist, sollte nur kesseldruckimprägniertes Holz eingesetzt werden. Eine Pergola aus Stahlrohr wirkt elegant, da die Pfosten und Streben sehr feingliedrig sind. Das Material ist äußerst stabil und kann auch mit einem dekorativen Anstrich versehen werden.

Pergolen aus gemauerten Ziegeln oder Beton fertigteilen mit einem Überbau aus Holz machen einen recht massiven Eindruck und wirken nur in sehr großen Gärten. Soll eine

Pergola in erster Linie Sichtschutz gewähren, lassen bepflanzte Rankgitter zwischen den Pfosten eine grüne Wand entstehen. Lauschige, geschützte Plätze zum entspannten Sitzen, so genannte Laubensitze, ergeben sich, wenn eine Bank auf drei Seiten von einer Pergola umgeben wird. Solche verschwiegenen Laubensitze waren schon in den mittelalterlichen Burggärten außerordentlich beliebt!

Sichtschutzwände aus Holz

Wenn man nicht warten will, bis die frisch gepflanzten Hecken, Sträucher oder Kletterpflanzen hoch und dicht genug sind, um als Sichtschutz zu dienen, dann sorgen stabile Wände und Gitter aus Holz für Abhilfe. Sie sind rasch aufgestellt und erfüllen sofort ihren Zweck. Passende Stützpfosten und anderes Zubehör ermöglichen maßgenaue Lösungen für jeden Geldbeutel. Für lange Haltbarkeit muss man auf eine robuste Holzart und hochwertige Verarbeitung (stabile Querschnitte, Verwendung von Edelstahl bei Metallteilen und Schrauben) achten. Die Wände sollten so platziert werden, dass man sie von beiden Seiten erreichen kann. Zur Pflege ölt man die Hölzer jährlich ein. Ohne Behandlung setzen sie allmählich eine graue Patina an, halten aber ebenso lang. Wer Lust auf Farben hat, behandelt das Holz mit getönter Lasur. Kesseldruckimprägnierte Hölzer sollten vor dem Streichen zwei bis drei Monate anwittern, damit sie die Lasur besser aufnehmen. Vor dem Streichen bürstet man alle Grünbeläge und Harzreste gründlich ab und erneuert auch schadhaftes Holz. Dann wird das Holz mit Schmirgelpapier aufgeraut und der Staub mit einem feuchten Lappen abgewischt.

Pergolen und Gitterwände begrünen

Hier kann man unter vielfältigen Möglichkeiten auswählen. Bei der Entscheidung sollten die individuellen Wünsche an das Blätterdach oder die grüne Wand im Vordergrund stehen. Auffallend blühende Pflanzen bilden eher lichte Vorhänge, die dafür aber mit zahlreichen Farbtupfern geschmückt sind. Duftende Arten sorgen zusätzlich für ein sinnliches Erlebnis. Nur mehrjährige Arten wie Kletterrosen, Clematis oder Glyzinie werden im Laufe der Jahre immer üppiger und können eine Pergola oder Gitterwand vollständig überwachsen. Einjährige Arten wie Duftwicke (*Lathyrus odoratus*) oder Glockenrebe (*Cobaea scandens*) lassen sich als Blütenschmuck einsetzen.

Mobile Sichtschutzwand aus Bambus

Mein Tipp

Paravents sind mehrteilige, durch Scharniere verbundene Elemente, deren Holz- oder Metallrahmen mit Schilfmatten, Segeltuch oder Holzlamellen bespannt sind.

Pflanzen mit dekorativem Laub ergeben in der Regel ein dichtes Blätterdach oder eine undurchdringliche Laubwand. Sie spenden viel Schatten und liefern optimalen Sicht-, Wind- und Lärmschutz. Mit Pfeifenwinde, Wildem Wein oder Echter Weinrebe (*Vitis vinifera*) bepflanzte Pergolen oder Gitterwände schaffen grüne Zimmer im Freien. Damit Kletterpflanzen üppig wachsen können, müssen ihre Standort- und Pflegeansprüche unbedingt beachtet werden. Hierzu lässt man sich am besten beim Kauf fachmännisch beraten. Auch die Klettertechniken der Arten sind zu berücksichtigen. Geißblatt (*Lonicera*-Arten)und Schlingknöterich (*Fallopia aubertii*) winden sich von alleine um Stützen und brauchen keine zusätzliche Kletterhilfe. Wilder Wein hält sich mit speziellen Haftorganen fest, während die Clematis zum Klettern ihre langen Blattstiele einsetzt. Beide finden aber an den oft glatten Stützen keinen festen Halt und müssen durch regelmäßiges Aufbinden unterstützt werden.

Aus der ursprünglichen Idee, eine stabile Mauer aus handversetzbaren Steinen zu bauen, entstand ein Stilelement, das den Charme einer Natursteinwand mit dem modernen Akzent von Stahl zu einer neuen Einheit verbindet.

Mauern gestalten

Mauern lassen sich auf unterschiedliche Weise gestalten und in das Gartenbild einbinden. Am schönsten wirken sie, wenn sie an die Architektur des Hauses angelehnt sind. Mauerabschnitte eignen sich hervorragend als Sicht- und Windschutz an Terrassen oder zur Trennung von Reihenhaus- oder Doppelhaus-Grundstücken. Damit eine Mauer unerwünschte Einsichten verhindert, muss sie allerdings mindestens 180 cm hoch sein. Hohe Mauern können mit gestalterischen Tricks aufgelockert werden. Vorsprünge als Sitzgelegenheit oder ein Hochbeet nehmen optisch Höhe weg. Eine Materialmischung, zum Beispiel aus Naturstein und Klinker, ein farbiger Putzanstrich oder ein Rankgitter mit Kletterpflanzen belebt die Mauer. Eine bis zu 100 cm hohe Mauer, beispielsweise eine traditionelle Trockenmauer, die ohne Beton und Mörtel auskommt, lässt sich problemlos selbst anfertigen. Sie wirkt nicht nur ausgesprochen rustikal, sondern trägt darüber hinaus dem Naturschutz im Garten Rechnung: Ihre offenen Fugen bieten Lebensraum für viele Kleinlebewesen (Eidechsen, Kröten, Grillen, Hummeln, Wildbienen), zwischen den Steinen siedeln sich oft Blumen und Kräuter von selbst an. Man kann die Trockenmauer aber auch bereits beim Aufsetzen der Steine bepflanzen. Hierfür eignen sich insbesondere Steingartenpflanzen.

Grenzabstände und Nachbarrecht

Leider gibt es im Garten häufig Anlässe für Nachbarschaftsstreitigkeiten. Wer sich beim Pflanzen von Hecken und Errichten von Mauern oder Sichtschutzwänden nicht an die vor Ort geltenden Vorschriften hält, setzt unnötig das gute Einvernehmen mit den Nachbarn aufs Spiel. Denn er riskiert, die gepflanzten Sträucher wieder roden oder fest verankerte Sichtschutzelemente und Mauern entfernen zu müssen. Grundsätzlich darf ein Grundstückseigentümer die Beseitigung von Pflanzen oder Bauelementen auf dem Nachbargrundstück verlangen, wenn diese die Nutzung seines Grundstücks wesentlich beeinträchtigten. Deshalb muss man sich vor der Pflanzung einer Hecke, größerer Sträucher oder eines Baumes bei der zuständigen Gemeinde- oder Stadtverwaltung über die hierzu geltenden Vorschriften informieren. Diese können sich sogar innerhalb eines Ortes ändern, je nachdem ob das Grundstück im Zentrum oder an der Peripherie liegt.

Der Pflanzabstand zur Grundstücksgrenze richtet sich nach der Höhe und Art der Pflanzung und ist in den einzelnen Bundesländern unterschiedlich geregelt. Prinzipiell gilt er nur für Hecken, Sträucher und Bäume. So muss eine Hecke von maximal 200 cm Höhe mindestens in einem Abstand von 50 cm von der Grenze gepflanzt werden. Der Abstand eines Baumes, der höher als 2 m wird, muss mindestens 2 m betragen. Gemessen wird der Abstand immer von der Mitte der Hecke, des Strauchs oder Baumes bis zur Grenzlinie.

Wird der Mindestabstand unterschritten, kann der Nachbar die Beseitigung der Anpflanzung verlangen.

Bei der Errichtung einer Mauer an der Grundstücksgrenze sind unbedingt die örtlichen Bauvorschriften zu beachten. Man sollte außerdem versuchen, die Mauer gestalterisch an die Umgebung anzupassen.

Es können natürlich, abweichend von den gesetzlichen Vorschriften, mit den Nachbarn besondere Vereinbarungen getroffen werden, zum Beispiel kleinere Grenzabstände. Diese sollten jedoch stets schriftlich festgehalten und von beiden Parteien unterzeichnet werden, da sonst im Falle eines Rechtsstreits die Beweisführung schwierig wird.

Mein Tipp

Es gibt eine Verjährungsfrist von Ansprüchen. Sie liegt in der Regel bei 6 Jahren

Steingartenpflanzen wirken sehr schön auf einer rustikalen Trockenmauer.

Gitterwände lassen sich als transparente Raumteiler einsetzen. Mit schnell wachsenden Kletterpflanzen erhält man bald eine grünende und blühende Wand, die immer noch Licht hindurchlässt. Wer eine dichte Laubwand als Sichtschutz haben möchte, lässt auf beiden Seiten Pflanzen hochranken.

Glossar der verwendeten Fachbegriffe

Ausputzen: Das regelmäßige, am besten tägliche Entfernen von verwelkten Blüten und vergilbten Blättern bei Balkonpflanzen. Verhindert eine Kräfte raubende Samenbildung und dient der Pflanzenhygiene.
Aerifizieren: Das Belüften des Rasen mit verschiedenen Spezialgeräten, bei dem im Boden Hohlräume entstehen, die eine gute Durchlüftung und einen besseren Wasserabzug gewährleisten.
Akarizid: Pflanzenschutzmittel zur Bekämpfung von Milben.
Anhäufeln: Erde um eine Pflanze herum anhäufeln, um sie vor Windwurf zu schützen und die Bildung stabiler Wurzeln zu fördern; Winterschutz bei Rosen.
Anorganische Dünger: Sie werden aus natürlich vorkommenden mineralischen Chemikalien gewonnen oder künstlich hergestellt.
Astring: Die Stelle am Baum, an der ein Trieb, Zweig oder Ast austreibt; oft deutlich von einem Wulst umgeben, in dem teilungsfähiges Gewebe ruht. Bei einem „Schnitt auf Astring" heilt die Schnittwunde besonders schnell.
Auge: a) eine Triebknospe im Gegensatz zur Blütenknospe; b) die Mitte einer Blüte, wenn diese anders gefärbt ist als die (Ränder der) Kronblätter.
Auslichten: Jährliches Zurückschneiden von Gehölzen, um kräftige Sprosse zu erhalten.
Ballenlose Pflanzen: Pflanzen, die ohne Erde an den Wurzeln verkauft werden (siehe auch *wurzelnackt*)
Ballenpflanzung: Beim Ausheben von Gehölzen werden Wurzelballen mit Ballenleinen umhüllt, um die Wurzeln während des Umpflanzens zu schützen.
Baumscheibe: Der offene Boden rund um einen jungen Obstbaum. Die Baumscheibe muss imer offen gehalten werden, ein Bewuchs nimmt dem Baum Wasser und Nährstoffe weg. Nur bei älteren Hochstämmen kann man die Baumscheibe mit Rasen zuwachsen lassen. Ausnahme: Gründüngung mit Legumiosen oder Kapuzinerkresse.
BdB: Bund Deutscher Baumschulen
Belüften: Bodenlockerung mit Hilfe mechanischer Mittel, damit Luft eindringen kann.
Blattachsel: Winkel zwischen Blatt und Spross.
Buschbaum: Baum mit einer Kronenhöhe von 40 bis 60 cm.
Containerware: Gehölze in Töpfen; können das ganze Jahr über gepflanzt werden.
Einschlagen: Eine Pflanze locker in die Erde legen, ehe sie an ihrem endgültigen Standort gepflanzt wird.
Entspitzen: Regelmäßige Entfernung der Sprossspitze, um die Bildung von Seitensprossen anzuregen.
Erziehung: Formschnitt an jungen Bäumen und Sträuchern in den ersten Jahren nach der Pflanzung.
Fremdbefruchter: Obstgehölze, die zur Befruchtung andere Bäume bzw. Sorten brauchen, wie Äpfel und Süßkirschen.
Fruchtholz: Deutlich an dicken Knospen erkennbare, meist kurze Seitentriebe.
Fungizid: Pflanzenschutzmittel gegen Pilzerkrankungen.
Halbstamm: Baum, dessen Krone in einer Höhe von 100 bis 120 cm beginnt.
Hochstamm: Baum mit einem Kronenansatz erst in 160 bis 180 cm.
Hybride: Nachkommen durch Kreuzung genetisch verschiedener Eltern.
Kompost: Humusreiches, organisches Material aus zersetzten Pflanzenresten.
Konkurrenztrieb: Unerwünschter Trieb, der nahe bei einem erhaltenswerten Trieb

steht, diesen in der Entwicklung hemmt und entfernt werden muss.

Kopfdüngung: Das Auftragen von löslichen Düngemitteln, frischer Erde oder Kompost auf der Bodenoberfläche um eine Pflanze.

Leitast: Kräftiger, dominanter Seitentrieb, der gezielt erzogen und in eine bestimmte Richtung gelenkt wird.

Leittrieb: Der meist zentrale, aufrechte Stamm eines Baumes.

Mulchen: Bedecken des Bodens mit verrottbarem Material, zum Beispiel Rindenschrot, Häcksel, Kompost oder Grasschnitt.

Pflanzschnur: Sie hilft, jeweils am Ende an einem Holzpflock festgebunden, Hecken gerade anzulegen und zu schneiden.

pH-Wert: Maß für den Gehalt an Säuren oder Basen im Boden. Die Skala reicht von 1 bis 14; pH-Wert 7 ist neutral, über 7 basisch, unter 7 sauer.

Reiser: Triebe einer zu vermehrenden Sorte, die zur Veredelung dienen.

Rhizom: wurzelähnlich verdickte Erdsprosse, zum Beispiel bei Seerosen und Schwertlilien.

Rückschnitt: Abschneiden von Trieben, damit sich neue, frische Triebe entwickeln können.

Selbstfruchtbar: Obstgehölze, die keinen Pollenspender brauchen und auch ohne Fremdbefruchtung tragen (Aprikose).

Sommerschnitt: Schnitt während der Vegetationsperiode, in der die Säfte strömen und Schnittwunden rasch heilen.

Spalierobst: Streng an einem Gerüst gezogene Obstgehölze (zum Beispiel Birnen).

Spindelbusch: Die kleinste Form eines frei wachsenden Obstbaums (nur bei Kernobst) mit einer Stammhöhe von weniger als 80 cm.

Solitärbaum: auch Hausbaum; einzeln stehender Baum, meist gestalterischer Mittelpunkt des Gartens.

Spritzen: Ausbringen von Pflanzenschutz- oder Pflanzenstärkungsmitteln mit einer Pflanzenspritze. Die Spritzlösung oder -brühe wird durch Druck und eine Düse als Sprühnebel auf Blattwerk oder Boden verteilt.

Substrat: Nährboden; Erdmischung oder ein anderes Nährmedium, in dem Pflanzen gezogen oder vermehrt werden können.

Umgraben: Grabungsmethode, bei der die Bodenkrume bis zur Tiefe eines Spatenstichs gewendet wird.

Unterlage: Ein Gehölz, auf dessen Wurzel (und Stamm) die Sorte veredelt wird.

Vegetationsperiode: Die Zeit des Wachstums vom Frühjahr bis zum Herbst.

Veredelungsstelle: Die Stelle, an der Edelreiser und Pfropfunterlage miteinander verbunden sind.

Verjüngung: Rückschnitt einer alten Baumkrone oder eines alten Strauchs, damit wieder viele junge Triebe entstehen.

Vorjährige Triebe: Bereits verholzte Triebe, die im Vorjahr gewachsen sind.

Wasserschosse: Senkrechte Triebe, die nach einem starken Rückschnitt auftreten können. Sie nehmen einem Baum die Kraft für die Fruchtbildung.

Wildtriebe: Triebe, die aus den Wurzeln der Veredelungs-Unterlage entspringen und direkt dort abgerissen werden müssen.

Winterschnitt: Schnittmaßnahme bei Gehölzen von Dezember bis Ende Februar, ehe der Saftstrom wieder anschwillt.

Wurzelhals: Die langgestreckte Übergangszone zwischen dem verzweigten Wurzelwerk und der Sprossachse.

Wurzelnackt: sind Gehölze mit losen Wurzeln ohne Erdballen.

Zapfen: Verholzter Aststummel, der keine Knospen hat und somit nicht austreiben kann.

Register

Bibliografische Information der Deutschen Bibliothek
Die Deutsche Bibliothek verzeichnet diese Publikation in der Deutschen Nationalbibliografie; detaillierte bibliografische Daten sind im Internet über http://dnb.ddb.de abrufbar.

ISBN-10 3-8001-5094-8
ISBN-13 978-3-8001-5094-6

Wollgrasweg 41, 70599 Stuttgart (Hohenheim)
Internet: www.ulmer.de
Projektleitung und Redaktion: Verlagsbüro Kopp
Fachliche Beratung: Dr. Bruno P. Kremer
Lektorat: Karin Wachsmuth
Layout, Herstellung und Satz: Ekkehard Drechsel
Illustrationen: Boris Krauß
Sämtliche Fotos: Wolfgang Redeleit
Reproduktion: Artilitho, Trento
Umschlagentwurf: Wilde 2, Stefan Dehmel, Stuttgart
Druck und Bindung: Offizin Andersen Nexö, Leipzig
Printed in Germany

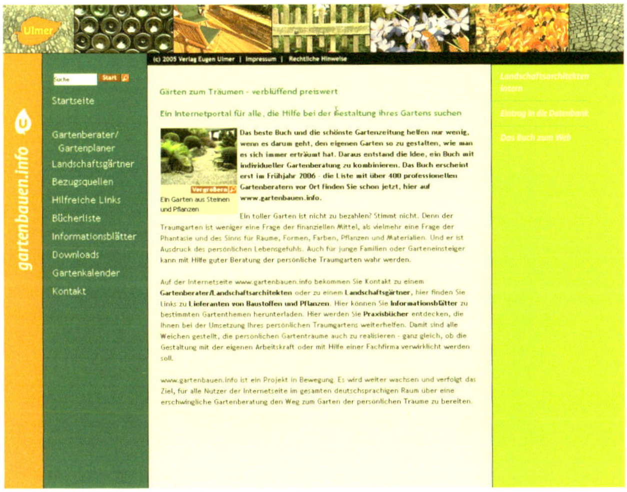

Ulmer
(c) 2005 Verlag Eugen Ulmer | Impressum | Rechtliche Hinweise
Suche
Start
Startseite
Gartenberater/ Gartenplaner
Landschaftsgärtner
Bezugsquellen
Hilfreiche Links
Bücherliste
Informationsblätter
Downloads
Gartenkalender
Kontakt
gartenbauen.info
Gärten zum Träumen - verblüffend preiswert
Ein Internetportal für alle, die Hilfe bei der Gestaltung ihres Gartens suchen
Das beste Buch und die schönste Gartenzeitung helfen nur wenig, wenn es darum geht, den eigenen Garten so zu gestalten, wie man es sich immer erträumt hat. Daraus entstand die Idee, ein Buch mit individueller Gartenberatung zu kombinieren. Das Buch erscheint erst im Frühjahr 2006 - die Liste mit über 400 professionellen Gartenberatern vor Ort finden Sie schon jetzt, hier auf www.gartenbauen.info.
Vergrößern
Ein Garten aus Steinen und Pflanzen
Ein toller Garten ist nicht zu bezahlen? Stimmt nicht. Denn der Traumgarten ist weniger eine Frage der finanziellen Mittel, als vielmehr eine Frage der Phantasie und des Sinns für Räume, Formen, Farben, Pflanzen und Materialien. Und er ist Ausdruck des persönlichen Lebensgefühls. Auch für junge Familien oder Garteneinsteiger kann mit Hilfe guter Beratung der persönliche Traumgarten wahr werden.
Auf der Internetseite www.gartenbauen.info bekommen Sie Kontakt zu einem Gartenberater/Landschaftsarchitekten oder zu einem Landschaftsgärtner, hier finden Sie Links zu Lieferanten von Baustoffen und Pflanzen. Hier können Sie Informationsblätter zu bestimmten Gartenthemen herunterladen. Hier werden Sie Praxisbücher entdecken, die Ihnen bei der Umsetzung Ihres persönlichen Traumgartens weiterhelfen. Damit sind alle Weichen gestellt, die persönlichen Gartenträume auch zu realisieren - ganz gleich, ob die Gestaltung mit der eigenen Arbeitskraft oder mit Hilfe einer Fachfirma verwirklicht werden soll.
www.gartenbauen.info ist ein Projekt in Bewegung. Es wird weiter wachsen und verfolgt das Ziel, für alle Nutzer der Internetseite im gesamten deutschsprachigen Raum über eine erschwingliche Gartenberatung den Weg zum Garten der persönlichen Träume zu bereiten.
Landschaftsarchitekten intern
Eintrag in die Datenbank
Das Buch zum Web

Gartenkalender

Januar

Gehölze von schweren Schneelasten befreien. Abgebrochene, abgestorbene Äste ausschneiden. Rosen ohne Ballen einschlagen, wenn sich der Boden für die Pflanzung noch nicht eignet. Kübelpflanzen weiterhin vor Kälte schützen. Pflanzen im Winterquartier regelmäßig und vor allem auf der Blattunterseite auf Schädlingsbefall kontrollieren; Winterquartier gut lüften. Gießen nicht vergessen und verwelktes Laub beseitigen. Rasenmäher und andere Schneidegeräte schleifen lassen.

Februar

Boden für die Pflanzung immergrüner Gehölze vorbereiten. Zu dichte sommergrüne Hecken erstmals auslichten. Wiederholt blühende Ramblerrosen, die sich an Bäumen emporranken ausdünnen. Bepflanzung von Balkon- und Terrasse planen. Balkonblumen und einjährige Kletterpflanzen aussäen und auf der Fensterbank vorziehen. Kübelpflanzen aus dem Winterquartier holen sowie heller und wärmer stellen. Bretter zur Schattierung an die Stämme von Obstbäumen lehnen.

März

Winterschutz von Gehölzen entfernen, um Hitzestau zu vermeiden. Boden für Neupflanzungen vorbereiten. Rosen vom Winterschutz befreien, ausputzen und bei Bedarf zurückschneiden; Rhododendron und andere Immergrüne ausgiebig wässern. Verfilzten Rasen vertikutieren, um Moos und abgestorbene Pflanzenteile zu entfernen. Ausdauernde Trogbepflanzung ausputzen und mit Frühjahrsblühern auffrischen. Obstgehölze ohne Ballen pflanzen; anschließend die Baumscheibe und den Wurzelbereich mit Rindenmulch abdecken.

April

Immergrüne Hecken neu pflanzen; Pflanzen mit festem Wurzelballen kaufen. Rosenschnitt beenden; speziellen Rosendünger ausbringen. Sobald die Grashalme 5 bis 8 cm lang sind, Rasen erstmals mähen. Robuste Kübelpflanzen ins Freie, jedoch nicht in die pralle Sonne stellen. Obstbaumblüten nach einer Frostnacht frühmorgens mit dem Gartenschlauch beregnen; Wasser gefriert zu einem schützenden Eismantel und zieht den Frost aus den Blüten. Im Gartenteich Ufer- und Tiefwasserpflanzen einsetzen.

Mai

Bei Rhododendron rechtzeitig verwelkte Blüten ausbrechen, damit der Neuaustrieb nicht verhindert wird. Rosen reichlich nur im Wurzelbereich wässern. Rasen auf Baumscheiben wöchentlich mähen, damit die Baumwurzeln Luft bekommen. Sichtschutz mit einjährigen Kletterpflanzen vorbereiten. Freilandgehölze in Kübeln reichlich gießen, bevor sie gedüngt werden. Bei an Wandspalieren gezogenen Obstgehölzen alle direkt gegen die Wand oder von ihr weg wachsenden Triebe entfernen.

Juni

Abgestorbene Blütenköpfe von Flieder und Goldregen entfernen und schwache Triebe ausdünnen. Von mehrmals blühenden Beetrosen nach dem ersten Flor die verblühten Triebe bis zum ersten Auge abschneiden, damit sich eine zweite Blüte entwickelt. Bereits kräftig entwickelte Balkonblumen entspitzen; wöchentlich mit Sofortdünger versorgen. Die neuen Brombeerranken laufend nach oben binden. Im Gartenteich wuchernde Schwimmpflanzen ausdünnen; Algen entfernen.